学級経営サポートBOOKS

城ヶ﨑 滋雄 著

「安心感」が荒れ・不登校を防ぐ！

クラス全員の思いを
ガッチリ「受け止める」
対応術

あなたのその対応
合っていますか？

はじめに

　人は未知のことに挑戦する時は二の足を踏みます。それは，先が見えないからです。
　そんな時は，既知の経験者が「大丈夫だよ」と声をかけ，見本を示すことで，安心感を持てるようになります。
　授業中に挙手しない子どもがいます。わからないわけではありません。正誤が気になるのではありません。しっかりと自分の意見を持っているのです。
　それにもかかわらず挙手しないのは，間違ったら友だちに笑われるのではないか。先生から「それは違う」と一刀両断されるのではないかと不安なのです。
　不安が子どもの行動を躊躇させます。

　それなら，不安が「安心」に変われば子どもは「動く」はずです。しかし，子どもは未熟です。臆病です。小心者です。ですから，初めてのことや慣れないことや自信が無いことには尻込みをしてしまいます。
　そこで，「ほら，これだよ」と見せてあげます。一緒にやってあげます。すると，子どもは，先が見えるので，安心して取り組めます。安心できれば，子どもは動きます。
　では，どうやって子どもは「安心感」を得るのでしょうか。それは，担任の先生が失敗に対して日々前向きな指導をすることで得られます。
　ただ，そうはいっても，「学校は間違う所だよ。失敗を気にしなくてもいいよ」と言うだけでは，子どもたちは躊躇します。それは，「できる」という成功体験が無いからです。

そこで，まずは失敗しない，「できる」経験を積ませます。それには，目標をクリアしやすいレベルに設定します。できる感を十分味わうことで，「あれができたのだから，これもできるかも」という次への挑戦の意欲を持てるようになります。

　仮に失敗しても，前の段階に戻ってやり直せばよいという安心感が行動するための自信となります。

　子どもは安心基盤があれば，「動く」ようになるのです。

　本書では，叱咤激励するのではなく，「やってみようかな」「自分にもできるかも」と，子どもが「動く」ような先生のものの考え方や具体的な事例を紹介しています。

　なお，本書は，各項目のはじめに，「×」と「○」の対応を提示して，そのあとで事例を引用しながらその内容を説明しています。本文で紹介した事例は，原則として著書が体験したことがもとになっています。また，各項目の最後には，日ごろ，子どもたちが感じている思いと，その思いを受け止めての先生の対応を紹介しました。

2015年1月　　城ヶ﨑　滋雄

目次

はじめに 2

第1章 「安心感」不足が荒れを引き起こす

1 クラスの荒れのきっかけは子どもからのSOS 8
2 不安定になることで安定を保っている 10
3 厳し過ぎる先生のクラスは荒れる 12
4 優し過ぎる先生のクラスは荒れる 14
5 クラスの荒れはいきなり訪れない 16
6 子どもの心は常に揺れている 18
7 クラスの荒れはストレス発散と同じ 20
8 クラスが荒れると笑いが消える 22
9 荒れが引き起こす悪循環 24
10 子どもは容認されると心を開く 26
11 子どもは承認される方に進んで行く 28
COLUMN 言葉は受け手の心次第で解釈が変わる 30

第2章 「安心感」の無さが不登校を生む

1 不登校は「もう限界です」というサイン 32
2 我慢した時間だけ不登校になる 34
3 良い子ほど不登校になる 36
4 不登校児童が一番不安な時間 38
5 不登校時のわがままの意味とは 40
6 不登校の軽重は服装でわかる 42
7 「何で？」という質問が不登校の理由を増やす 44

8　登校刺激は与えよう　46
9　子どもは安心できる場所で不登校をする　48
10　しっかりと不登校をさせる　50
11　まず子どもよりも保護者を安心させる　52
COLUMN　「もう」ではなく，「まだ」の子育て　54

第3章　「安心感」を生むクラスづくりのポイント

1　「見守られている」と思える状態をつくる　56
2　「発言してもいいんだ」と思える状態をつくる　58
3　「間違い」や「意見を変える」ことを保障する　60
4　甘えが満たされている状態をつくる　62
5　あてにされる，頼りにされる状態をつくる　64
6　クラスに少しでも居場所がある状態をつくる　66
7　拙さの中にも成長に目を向ける　68
8　きちんとやっている子を認めてあげる　70
9　「……しても許される」という状況をつくらない　72
10　「ひいきしている」と思われない状態をつくる　74
11　「偶然」「たまたま」を受け入れられる環境をつくる　76
12　友だちの「良さを見つける目」を育てる　78
13　質問力を高めることで，人の話を「聞く力」をつける　80
14　「ありがとう」という言葉の効果　82
15　学年による，安心感の「基準」の変化　84
16　子どもの様子を把握する「3分間面談」　86
17　子どもとの教育相談で聞く2つのこと　88
COLUMN　上手だから，失敗（転倒）する　90

第4章 「安心感」を生む子ども対応のポイント

1 人の話を聞こうとしない子への対応　92
2 友だちをすぐ叩く子への対応　94
3 挨拶を返さない子への対応　96
4 かまって欲しいと訴えてくる子への対応　98
5 授業になると発言できなくなる子への対応　100
6 体育が得意でない子への対応　102
7 クラスで孤立していると感じられる子への対応　104
8 休みがちな子への対応　106
9 不登校状態にある子への対応　108
10 一見,特に問題が無いように見える子への対応　110
COLUMN　反抗期は自立へのステップ　112

第5章 子どもたちの「サポーター」としてできること

1 「子ども」を早く「大人」にしてはいけない　114
2 子どもの「つぶやき」にこそ本音がある　116
3 子どもは大人の真似をして育つ　118
4 自分の指導スタイルを自覚する　120
5 何かが起こった「後」が大事　122
6 前向きに,いろいろなことを試していく　124

おわりに　126

第1章

「安心感」不足が荒れを引き起こす

　子どもたちはクラスが荒れていても，平穏であってもそれが「普通」，当たり前の状態だと思っています。
　クラスが荒れていると思っている先生は，落ち着きのあるクラスに変えようとあの手この手を尽くしますが，成果はありません。なぜかというと，子どもたちは「悪くない」と思っているので，自分たちが変わる必要性を感じていないからです。
　子どもを変えることは難しいです。しかし，子どもを変える環境をつくることはできます。子どもたちにとっての最大の環境は，先生です。子どもを変えようとせずに，まずは，先生が変わるのです。
　そうすれば，子どもたちも変わります。

1　クラスの荒れのきっかけは子どもからのSOS

荒れているクラスの先生は，子どものSOSを「問題行動」だと思い，正そうとします。

落ち着いているクラスの先生は，子どものSOSを「困り感」と察し，受け入れます。

1　問題行動をSOSと受け入れられるか

　子どもたちのSOSにはどんなものがあるでしょうか。
　遅刻をする，忘れ物をするといった個人の責任に帰するSOS。
　挨拶をしない，文句を言う，先生の指示に従わない，悪態をつく，物を壊すといった社会性やコミュニケーションのSOS。
　この中で，クラスが荒れるSOSは主に後者です。なぜかというと，先生は子どものSOSを問題行動だと認識し，改めさせようとするからです。
　例えば，挨拶。先生が「おはようございます」と先に挨拶をしたのに，下を向いたまま素通りして行く子どもがいます。先生は，「挨拶したのに無視するとは何事だ」と憤り，「挨拶は！」と問い詰めるように声をかけます。先生としては，良い子になってもらうためにとった行動です。

2　子どものSOSの背景を察する

　しかし，子どもが家を出る前に何か理由があったら？実際，挨拶を返さない子どものケースで，こんなことがありました。実は子どもは家を出る時に親から叱られていました。出かける直前に習字道具の準備をしたので，半紙が切れていることに気づかなかったのです。親は急いで半紙を買いに行って

くれたのですが，それを子どもに渡しながら，「前夜に用意していれば……」と叱ります。子どもは親が言うことはもっともなことだとわかってはいましたが，自分の心を整理できないまま家を出ました。そんな気持ちを引きずったままだったので，先生の挨拶が耳に入らなかったのです。

心が安定している時なら，先生の注意を「僕が悪かった」と素直に受け入れられたでしょうが，そんな状況だと，先生の注意を受け入れられません。

出かける時は親に叱られ，登校したら先生から注意をされたのでは，泣きっ面に蜂です。「僕の気持ちをわかってくれない」と反発したくもなります。先生にも不信感を持ちます。当然，注意を素直に受け入れられず，先生との心の距離が広がります。

子どもは先生に反発したのではありません。自分で自分の気持ちを整理できずに困っていたのです。こうした時は，「何かあったのだろうな」とその場は見守り，子どもが落ち着いたころを見計らって「あの時はどうしたの？」と声をかけてみます。そのころには，子どもも気持ちの整理ができています。自分が習字の準備を怠ったことや口答えしたことを反省し，次回は前日に準備する大切さを自覚します。こうなると，朝の忙しい中，親が半紙を買いに行ってくれたことにも感謝できるようになります。

このように，子どもの発するSOSを「困り感」と受け止めることによって，クラスの荒れにつながる先生への反発を防ぐことができます。

子どもの思い

悪い態度かもしれないけど，その裏にあることをわかって欲しい，気づいて欲しい。

子どもの思いを受け止めた先生の対応

問題行動だけに目を向けるのではなく，困っていることは何だろうと受け入れます。

2 不安定になることで安定を保っている

 荒れているクラスの先生は，子どもの不安定さを「崩壊の元凶」ととらえます。

 落ち着いているクラスの先生は，子どもの不安定さを「心のバランス」を取っていると見守ります。

1 「不安定」で「安定」を生み出す

　ちょっと唐突ですが，サイクリングに出かけることをイメージしてみてください。快適にペダルをこぎ，爽やかな風を体に受けて，心地良い気分を味わえます。

　しかし，雨の日はぬかるみにタイヤがはまり，ハンドルを取られて転びそうになります。畦道などに入ってしまうと，道が細いので，スピードを出すこともできません。脱輪しないようにゆっくりと走るのですが，やはりふらつき，今にも転びそうになります。

　傍から見ると，不安定な状態に見えますが，実はこれで安定を保っているのです。「不安定になることで安定を保つ」。ただし，この時の「安定」には安心感がありません。緊急事態を回避するための「安定」なので，不安がつきまといます。「転ばないように」というマイナス思考だけです。

　本当は，誰も好んでそんな状況を求めてはいません。整備された道を運転して目的にたどり着きたいと願っています。

　クラスの荒れもこれと同じです。授業に遅れて来る。授業中，勝手に席を離れて友だちとおしゃべりをする。そうすることで安定を保っているのです。

2 「安定」している行為に注目する

　とはいえ,全員の子どもが授業に遅れたり,立ち歩いたりしているわけでありません。一部の子どもだけが不安定な状態で,大方の子どもは安定しているはずです。

　そこで,まずは「安定」している子どもに注目します。「まだ全員が揃っていませんが,授業を始めましょう。時間を守ってくれてありがとう」と安定している子どもたちに感謝して授業を始めます。さらに,「どうして時間を守れたの?」と聞いてみます。適切な行為をしていることに注目します。

　子どもたちは,「チャイムが鳴ったから」「時計を見ていたから」「席に着くのは当たり前だから」と怪訝そうに答えます。

　「何でそんなことを先生は聞くのだろう」という不思議な思いを持つのですが,「それは素晴らしい」と先生に褒められることで,「そうか。時間通りに着席するのは良いことなんだ」と自分の行為の良さを自覚し,チャイムを意識したり,時計を確認したりすることの重要さを再認識します。

　一方,不安定な子どもにも,授業開始に着席できていたり,授業中に立ち歩かなかったりという安定した状態があるはずです。

　そこで,先生は安定している時を見逃さずに褒めます。時間通りに授業を始められたら,「いいですね。全員が時間通りに授業を始められる。全員が時間を守れることは素晴らしいです。45分間,じっくりと勉強ができますね」と「全員」を強調し,クラスが安定していることを伝えます。

子どもの思い

本当は,安定した状態がいい。

子どもの思いを受け止めた先生の対応

時折見られる不適切な行動ではなく,安定した状態の方に注目します。

3 厳し過ぎる先生のクラスは荒れる

 厳しく指導する先生のクラスは,抑圧が荒れにつながります。

 厳しさの中に趣意説明を加えている先生のクラスは,子どもたちが指導を受け入れます。

1 結論だけ伝えるから子どもは反発する

　厳しい指導をしている先生は,「自分のやり方は正しい」と確信しています。今までもそのやり方で成功しているので絶対的な自信を持っています。そのために,「とにかく先生の言う通りにやりなさい。そうすれば上手くいくのだから」と子どもたちを従わせようとします。

　子どもが先生のやり方に疑問を示すと,「何でそんなことを聞くんだ」「気にするんだ」と癇に障り,言う通りにしないと改めさせようとします。間違いは正す。厳しい先生の当然の帰結です。

　教室では子どもたちを前にして,「君たちは先生の言うことをきかない」と叱責します。職員室では「子どもたちは言うこときかない。いくら指導しても浸透しない」と愚痴をこぼします。先生自身は正しいと思っているので,クラスの荒れの原因は全て子どものせいです。「悪いのは子ども」なのです。

　一方,子どもたちはどうでしょう。「先生はいつも怒ってばかりだ。先生の言うことなんか聞きたくもない」と反発心が募り,先生との距離を取り始めます。

2　趣意説明をしてから指示する

　厳しく指導する先生が言っていること自体は間違っていないのに，どうして子どもは反発するのでしょう。それは言葉が足りないからです。

　先生は自分が言う通りにすれば上手くいくことを経験的に知っているので，結論だけを子どもたちに伝えようとします。例えば，給食の指示。子どもたちは，座った状態で隣の席の友だちとしゃべりながら支度をします。当然，給食の準備が遅くなります。座ったままだと，緊張感がなくなるからです。

　それに対して，立って給食の支度をすると，テキパキと行動するようになります。ナプキンを敷き終わってから，手洗いに行くようなこともありません。厳しい先生はそれを知っているのですが，「座ってはいけません。立ってやりなさい」とやるべきことだけを伝えてしまいます。しかし，これだと，子どもたちは否定された気分になります。

　そこで，趣意説明をしてから指示するようにします。「人は，座ったままだと立ち上がる気力がなくなってしまうんだよ。それが，立つと，すぐに給食の支度ができるんだ。すぐに手を洗いに行けるし，すぐに席にも着ける。給食の時間も長く取れるのでお腹いっぱい食べられる。昼休みに給食が食い込まないので，たっぷり遊べる。給食の支度が早くなるとこんなにいいことがあるよ」と，立って支度をするメリットを説明します。

　このように，命令のような指示ではなく，子どもをその気にさせるような説明を先に行うことで，子どもたちは指導を受け入れるようになります。

子どもの思い

やるべきことだけの指示は命令されたような気になり，納得しづらいなあ。

子どもの思いを受け止めた先生の対応

趣意説明をして，そのことの効果を示すと，子どもは先が見えるので，素直に先生の指示を受け入れます。

4 優し過ぎる先生のクラスは荒れる

 優し過ぎる先生のクラスは
ルールが機能しない状態になります。

 優しさを感じさせる先生のクラスは
ルールを守ろうとします。

1 節度がなくなると「自由さ」はエスカレートする

　先生としては「優しく」接しているつもり。しかし，子どもから見ると「甘い先生」になる先生がいます。結果，子どもの言いなりになる先生になってしまいます。

　優し過ぎる先生はルールについて寛大です。寛大というと聞こえはいいですが，「甘い」のです。子どもはそれを見抜き，あれもこれもと要求するようになります。はじめは一人の子どもが先生の甘さを突いてきます。それを見た他の子どもも「ぼくも，ぼくも。私も，私も」と同じことを要求します。結局，皆がそうなるので，ルールが形骸化します。

　先生が「もうだめです！」と先ほどの「甘さ」を訂正しても，子どもたちは「何で！さっきはいいと言ったじゃない」と納得しません。歯止めが効かなくなり，子どもの「自由さ」はエスカレートします。人は一回手にした権利を手放したくないからです。

2 子どもの発言を繰り返し，気づかせる

　優し過ぎる先生は，子どもの立場に立とうとし過ぎるので，強い指導に躊躇してしまいます。「本当はダメなんだけど，子どもは困っているんだよね

……」と情を優先します。だから，つい，「いいよ」と言ってしまうのです。

そこで，子どもの要望をとりあえず受け止め，「それで？」と問いかけ，「次は……」と行動を改めるように話しかけます。

例えば，授業が始まったとたん，「トイレに行っていいですか？」と子どもが言ってきたとします。口調はお伺いを立てていますが，先生は「ダメ」と言わないと思っています。

そこで，先生は子どもを呼び止めて言います。「授業が始まったばかりだけど，トイレに行きたいんだね？」と子どもの要望を受け入れる用意があることを伝えます。そして，すぐに教室を出ようとする子どもに「次は，休み時間が始まった時にトイレに行ってね」と声をかけます。

これまではとがめないでトイレに行かせてくれた先生が，今日は一言釘を刺したわけです。いつもの先生と違います。子どもは敏感にそれを察し，立ち止まって「ハイ」と思わず返事をしてしまいます。「今までの先生とは違うぞ」と先生の変化を感じます。

それを見ていた周りの子どもも，先生の変化を感じます。これまでは先生を甘く見ていたのですが，気を引き締めなければと緊張します。

トイレから戻って来て自席に着こうする子どもにも，「『戻ってきました』って教えてね。心配だから」とお願い口調で話しかけます。「報告しなさい」だと子どもは命令されたと受け取りますが，「教えて」なら素直に「わかりました」と先生の言葉を受け入れます。

子どもの思い

一度許したことを，何で今さら訂正するの？

子どもの思いを受け止めた先生の対応

「そうだよね」と受け止めたうえで，「次はどうするの？」と問い返します。

5 クラスの荒れはいきなり訪れない

 自分のやり方にこだわる先生のクラスは，5月から荒れ始めます。

 子どものペースに合わせて臨機応変に対応する先生のクラスは，5月を過ぎても安定した日々を過ごすことができます。

1 小さな疑問が雪だるま式に溜まり，不満になる

　4月は進級とともに新しい先生・友だちとの出会いがあります。特に新しい先生との出会いは新鮮です。ですから，4月にクラスが荒れることは稀です。

　先生が替わるのですから，やり方も変わります。子どもたちもそれを受け入れる用意はあるのですが，疑問に思うことも出てきます。

　給食のお代わりの仕方が違う，宿題の量が違うなどの疑問が徐々に溜まっていきます。

　最初は先生が言うのだからその通りにしてみようと指示通りにするのですが，「やっぱり今までの方がいいなあ」という素朴な疑問が生じます。そこで，友だちに「どう思う？」と相談すると，はたして同じ意見です。すると，疑問が「不安」に変わります。

　それが雪だるま式に溜まってとうとう「不満」となります。それが5月ごろです。5月病という言葉がありますが，新しい環境に適応できない結果が，クラスの荒れにつながるのです。

　子どもたちが新しい先生のやり方に納得できるかどうかの基準は，これまでの経験です。子どもたちはこれまでの基準と新しい先生のやり方を照らし

合わせ，納得できれば受け入れ，そうでなければ不満となります。

2 まずは子どもたちの「歴史」を尊重する

　子どもたちの疑問を気にしてばかりで日々の生活を過ごすと，先生のストレスが溜まります。子どもよりも先に，先生の心が「荒れ」てしまいます。

　では，どうすれば子どもの疑問を察知できるのでしょうか。それには，前年度までのやり方に任せたり，取り入れたりすることです。まず，4月は先生自身のやり方を封印して，子どもたちのやり方に任せてみます。子どもたちの「歴史」を尊重してみるのです。子どもたちも慣れ親しんだ今までのやり方なら安心して取り組めます。上手くいけばそれを踏襲すればいいのです。

　上手くいかなければ，子どもたちは先生を頼ってきます。そこで，「じゃあ，この方法はどうかな」と提案します。今度は子どもたちが先生のやり方を受け入れる番なので，先生の提案を受け入れようとします。まさに，「過ちては則ち改むるに憚ること勿れ」です。

　子どもたちは自分たちの「歴史」を尊重してくれた先生に感謝します。もし，自分たちのやり方が上手くいかなければ，今度は自分たちが先生のやり方を受け入れようということで心を開きます。そして，先生のやり方の方が適切であるとわかると，子どもたちは先生を信頼するようになります。

　そうしたクラスなら先生への信頼も徐々に募っていき，落ち着いた雰囲気で日々の生活を過ごすことができます。

子どもの思い

今までのやり方と違う。新しいやり方で大丈夫なんだろうか。

子どもの思いを受け止めた先生の対応

まずは，「どうやったの？」と質問します。そして，「どうしたら上手くいくか」を念頭において，今までのやり方と新しいやり方を試していきます。

6 子どもの心は常に揺れている

 荒れているクラスの先生は,
子どもの心の揺れを問題視します。

 クラス経営が上手い先生は,
子どもの心の揺れを認め，問いかけます。

1 問題行動に注目するから子どもの心が揺れる

　荒れているクラスで注目されるのは，問題を起こしている子どもたちです。彼らの問題行動を止めさせ，「普通」にしようと先生は躍起になります。先生の関心は手がかかる子どもに向きがちです。

　しかし，先生が彼らに関わっている間は子どもの荒れは続きます。子どもを抑えようとすればするほど，クラスの荒れは増していきます。

　なぜか？ それはクラスの荒れを傍観していた子どもも「荒れ」に「参加」してくるからです。クラスの荒れは波紋のように広がっていきます。穏やかな水面も徐々に波立ちます。人はみんながやっているとそちらに流される傾向にあります。みんなと同じ方向に向いていることで安心できるからです。

　荒れのもとをつくっている子どもの行動は「問題行動」と映りますが，実は彼らも困っています。自分自身が荒れのもとをつくっていることを感じています。だけど，先生は自分の言うことを理解してくれない，先生は自分のことを悪い子どもだと思っている，自分がいなければクラスは安定すると思っている，といったように否定的にとらえています。自信も失くしています。

　だから，いつも不安を感じています。不安だから心が常に揺れてしまうのです。そこで，自分の不安な心を「荒れ」という方法で存在確認し，先生の

注目を集めようとします。要は，自分の困り感を先生にぶつけているのです。

2　子どもの揺れを認め，問いかける

　こうした時は，まずは，子どもの揺れている行動を認めます。

　授業中，荒れている子どもはふらっと離席し，立ち歩きます。そのことを先生が叱ることは想定内です。先生が声をかけると「待ってました。反発しますよ」と手ぐすねを引いて待ち構えています。

　そこで，「席を離れたいんだね。座っていられない何かがあるんだよね。あと何分こうしていたら落ち着けるかな」と子どもの揺れを認め，問いかけます。つまり，行動の判断を子どもに任せます。

　任されたら，考え，答えを出さなければなりません。答えを出したら，それを実行しなければなりません。自己責任が生じます。

　叱られると思っていた子どもは予想外の先生の対応に戸惑い，思わず，「5分」と答えてしまいます。今までは立ち歩くことに罪悪感を覚えていなかったのですが，自分の心の揺れを自覚し，落ち着こうと意識します。

　もし，5分よりも早く着席したら，「早かったね。どうしたらそんなに早くできたの？」と聞きます。子どもは無自覚に行動しています。それを先生が質問することで自覚することができます。子どもは上手くいったことなので，はにかみながらも「実は……」と誇らしげに話し始めます。なお，もし5分過ぎても着席しない時には，「もう少し時間が必要なんだね」と，さらに待つ姿勢を伝えます。

子どもの思い

悪いことはわかっているけど，注意されると腹が立ってしまう。

子どもの思いを受け止めた先生の対応

揺れを認めることで，子どもとの関係づくりのクッションをつくります。

7 クラスの荒れはストレス発散と同じ

 荒れているクラスの先生は，子どものストレスを抑えようとします。

 落ち着いたクラスの先生は，子どものストレスを上手に発散させてくれます。

1 子どものストレスを抑えるとストレスが増す

　人には大なり小なりのストレスがあります。睡眠中の寝返りは，身体の一部にかかっているストレスを回避しようとして身体が反応したものです。愚痴は，自分の不満・窮地を他人に訴えることでストレスを回避しようと心が反応したものです。

　生活していればストレスはつきものです。身体と心のバランスを保つためにはストレスと上手くつきあうことが重要です。しかし，ストレスを溜めこんだり，強いストレスを受けたりすると心身のバランスを崩すことがあります。

　また，ストレスは，受け止め方によって感じ方が変わります。嫌いな人からのストレスは排除の対象となりますが，好きな人からのストレスは受け入れられるものです。ストレスには良いストレスと悪いストレスがあるのです。

　クラスの荒れは悪いストレスです。子どもたちは，自分の心の歯止めが利かなくなるので，発散して解消しようとします。先生はそれを抑えようとしますが，抑えれば抑えるほどストレスが高まります。

2 やっていることの良さだけに注目する

　クラスの荒れのもとになっているストレスを抑えようとしてはいけません。

それよりも，上手にガス抜きをさせることが肝心です。それには子どもの行為の良い場面だけに注目します。そうすると，子どもは徐々にストレスへの処し方がわかり，自分で自分の行動をコントロールできるようになります。

　例えば，掃除です。荒れているクラスでは箒をゴルフのスイングのようにして乱暴な掃き方をする子どもがいます。子ども自身は，決して褒められる掃き方だとは思っていません。ちゃんと掃除をしなくてはいけないとわかっています。しかし，真面目にやるべき場面でそうすることが，ストレスの発散となっているのです。

　そこで，発散の中にも掃除らしき行為に注目します。「元気よく掃いていたね。でも，それだと，床のゴミが天井に舞ってしまうよ。穂先を床から離れないようにして，掃き終わったら止めるようにするとゴミが舞わないよ。優しくパットをする感じだね」。本来は「ちゃんと掃きなさい」と注意をしたいところですが，床を掃いているという部分に光を当て，「乱暴」というマイナス言葉を「元気」というプラス言葉に変えて子どもに返します。また，「パット」というイメージしやすい例えを使います。

　子どもも本当なら叱られる場面だとわかっているところで，ストレス発散を見逃してもらったうえに，先生の上手い言い回しで気持ちの整理ができます。さらに，教わった上手な掃除の仕方を実践することで，教室をきれいにできたことを実感し，ストレスが快適さに変わっていきます。

子どもの思い

ストレスを溜めずに，発散することで心の安定を保とう。

子どもの思いを受け止めた先生の対応

ストレスに対しては，抑止力よりも受容力。ダメなことの中にも良さを見つけます。

8 クラスが荒れると笑いが消える

 荒れているクラスの先生は，
言葉で子どもを明るくしようとします。

 笑顔が溢れているクラスの先生は，
行動させることで楽しみを享受させています。

1 荒れているから笑顔が出ない

　クラスの荒れは戦いと同じです。不測の事態に備えていつも身構え，緊張感を保っていなければなりません。いつも周囲に目を光らせていなければなりません。自分を守るだけで精一杯なので，友だちを気遣う余裕がありません。クラスが荒れていると，自分と異なる友だちの言動を受け入れることができず，仲間外れ・陰口などによって排除の対象とします。

　人を排除するということは，いつか我が身にもはね返ってきます。排除した子どもはそのことを無意識に感じているので，いつも周りの動向を気にしながら過ごすことになります。「したことは，される」のです。

　クラス内では荒く厳しい言葉が飛び交います。それが当たり前となり，無意識のうちに人を傷つけてしまいます。それが高じて，いじめや暴力などのさらなるクラスの荒れにつながります。子どもたちは，不安な気持ちでいる状態で，心の中はいつも嵐です。いかだで大海原を漂流しているようなものです。これでは自分に自信を持てません。笑顔が出ないのは当然です。

2 楽しさは行動の後についてくる

　アメリカの心理学者ウィリアム・ジェームズは「楽しいから笑うのではな

い。笑うから楽しいのだ」といいます。笑うという行為が「楽しい」という感情を引き出すのです。

　日本にも「笑う門には福来る」ということわざがあります。そこで，子どもたちが登校する楽しみを提供してみます。しかも，毎日行うことができる楽しみです。私のクラスでは毎朝，リレーとカルタを行っています。

　リレーは，メンバーをある期間固定して行います。同じメンバーでチームを組むことにより，関わることが多くなります。そして，順位よりも記録の伸びに注目させます。勝ち負けよりも，成長に目を向けさせるのです。チーム新記録が出ると，仲間と喜び合い，笑顔が出ます。新記録が出ない時は仲間と対策を考え，捲土重来を期します。

　カルタは二人一組で対戦し，勝つと上の班に昇格，負けると下の班に降格します。勝つ秘訣は，反応の良さとカルタを覚えることです。

　カルタの勝利は個人の喜びですが，相手をしてくれた友だちに感謝する気持ちが芽生えます。負けると悔しいのですが，「次回の対戦者はA君か。彼には負けないぞ」と友だちに関心を持つことができます。

　子どもにとって，「学校に来る楽しみ」は遊びですが，これらの取り組みは，常に真剣勝負です。だから，子どもたちは燃えるのです。一生懸命だから楽しさを味わえ，みんなで共有することができます。

　なお，「楽しみ」には３つの条件があります。「ルールが簡単」，「準備・片づけが簡単」，「結果が次回へのモチベーションとなる」の３つです。

子どもの思い

クラスの荒れが日常化しているから，楽しい気分になんかなれない。

子どもの思いを受け止めた先生の対応

毎日の楽しい活動を保障することで，笑顔を引き出していきます。

荒れが引き起こす悪循環

荒れているクラスの先生は，問題が起こる度に，「それは子ども悪い」と子どものせいにします。

落ち着いているクラスの先生は，問題が起こると，まずは自分の指導を振り返ります。

1 自分を守るために相手を責める

　荒れているクラスの先生からは，前向きな言葉を聞くことは少ないです。顔を合わせると，子どもの愚痴，保護者の無理解さを嘆きます。

　どうしてそうなるのでしょうか。一つは自分が困っているからです。自分の困り感を誰かに知って欲しいのです。知ってもらうことで，自分の気持ちが楽になるからです。もう一つは，「正義」です。正義を大上段に構えると，自分の考えは正しい，それに反する行為は間違い，と子どもを否定することになります。そうなると，気になることが余計目についてしまいます。

　当然，否定された子どもは心を開かず，警戒心・不信感を持ちます。それは態度・顔つきに出ます。すかさず，先生はそれを見とがめ，「何ですか。その態度は！」と問題行動以外のことを叱ることになります。そして，いつものようにお説教が延々と続きます。叱りが怒りを呼ぶのです。

　これは子どもも同じです。頭では悪いと思っていても心がついていきません。先生に反抗します。一度反抗すると「先生は自分を理解してくれない」と心を閉ざし，指摘されることがいちいち癪に障ります。

　先生も子どもも自分が可愛いので，自分を守るために相手を責めるのです。

2　かける言葉を変えてみる

　「叱る」と「怒る」。その違いは何でしょう。「叱る」は相手のためです。一方、「怒る」は自分のためです。クラスが荒れてくると、先生は注意しているつもりですが、いつしか怒ってしまっています。

　例えば、集会でのおしゃべりの場合、最初は「しゃべらない！」と行為を指摘するのですが、先生がそばを離れると子どもはすぐにまたしゃべり始めます。今度は「何度言ったらわかるの。先生の言うことを聞きなさい」と強い口調で叱責します。この言葉には「何で私の言うことを聞かないんだ」という怒りがこもっています。自分の言う通りにしなかったことに腹を立てているのです。

　こんな時は、指導言を変えてみます。「しゃべらない！」という指導言は、子どものダメさを指摘しただけです。これでは子どもの心には「怒られた」「友だちの前で恥をかかされた」という先生への反発だけが残ります。

　そこで、先生に認められたと「プラスに解釈」するような言葉に変えてみます。まず、おしゃべりをしている子どもたちのそばに行き、しばらく立っています。それだけで、子どもはおしゃべりを止めます。

　子どもがおしゃべりを止めたら、肩をポンと叩き、「静かだね」と声をかけ、いったん立ち去りますが、少し歩いて、また振り返り、「黙って話を聞いている姿は格好いいよ」と指で「ＯＫ」サインを出します。

　こうして「静か」「格好いい」「ＯＫ」と褒め言葉を浴びることで、子どもは自然に好ましい行動を取るようになります。

子どもの思い

怒られると、反発したくなり、素直に先生の言うことを聞きたい気分にはなれない。

子どもの思いを受け止めた先生の対応

子どもが行動を改めたら、褒めの好循環を起こす言葉をかけます。

10 子どもは容認されると心を開く

 反省することを求める先生のクラスの子どもは，気持ちをわかってもらえないので反抗的な態度を取ります。

 やったことよりも，子どもの気持ちに共感する先生のクラスの子どもは，自分が何をなすべきかを心から思うようになります。

1 謝り方が悪い子ども

　隣のクラス（3年生）の子どもが1年生と喧嘩をしました。体力に勝る3年生が1年生を投げ飛ばし，足蹴にしたとのことです。

　担任の先生は3年生を1年生に謝らせたのですが，ふて腐れた態度はとても反省しているように見えません。指導するほどに3年生の態度は悪くなっていくと担任がこぼしているので，指導を替わることにしました。

2 似た経験を想起させると心情反映ができる

　その3年生をA君とします。A君を相談室に呼んで二人だけで話をしました。A君は三兄弟の末っ子で，高校生・中学生の兄がいます。「三人も男の子がいると家は賑やかだね」と喧嘩とは関係ない話を切り出します。予想外の事を聞かれたA君は一瞬言葉に詰まりますが，「ハイ」とうなずきます。

　次に，「お兄ちゃんは優しくしてくれていいなあ」と声をかけます。A君は首を捻りながらも「ハイ」と返事をします。「そうか。いつも優しいわけではないのか。たまには喧嘩もするんだ」と聞くと，大きくうなずきます。聞くと，お兄ちゃんに刃向かうのですが，勝てないと言います。そのうち，お兄ちゃんの方から「止めよう」と言ってくれて，喧嘩は終わるようです。

そこで,「年上の人と喧嘩をしたら,負けちゃうよね。でも,喧嘩を終わらせてくれるお兄ちゃんは偉いね」とA君の思いを察しながらも,年上としてやるべき行動をさりげなく知らせます。

喧嘩をしたら,年下は年上には勝てない。年下は悔しい思いをする。話をしているうちに,喧嘩に負けると相手のことを嫌いになるという思いが,A君の心によみがえってきたようです。自分の辛さに共感してもらったことで,A君は心を開くようになりました。自分の味方だと思ってきたのでしょう。

ここで,「ところで,1年生と喧嘩をしたんだって」と話題を変えます。すると,A君は素直に喧嘩をしたことを認めます。1年生と喧嘩をした理由を聞くと,「悪口を言ってきたので,『止めろよ』と言ったら,叩いてきたからやり返した」と言うのです。自分には非はなく,むしろ被害者だという感じです。そこで,「それはやり返したいね。腹が立つよね。だから,つい力が入ったんだね」とA君の気持ちに理解を示します。「A君が叩きたくなる気持ちはよくわかる」と,あくまでもA君の気持ちに寄り添います。

そのうち,A君が「でも,やり過ぎだったかも」とポツリと漏らすようになります。「A君のお兄ちゃんも先に喧嘩を終わらせてくれるんだよ。A君もお兄ちゃんと同じで,自分の方から1年生に手を差し伸べてくれようとしているんだ」とA君の気持ちの変化を代弁し,強調します。A君は自分がやり過ぎだったこと,1年生に恐い思いをさせたことに気づきます。「じゃあ,君がこれからやるべきことは何?」と聞くと,A君は「1年生に謝ることです」と素直に答えました。

子どもの思い

年上だからって,いつも先に謝るのはおかしい。

子どもの思いを受け止めた先生の対応

しっかりと子どもを容認すると,子どもは相手のことを考えるようになります。

11 子どもは承認される方に進んで行く

 先生が子どもの問題行動を叱れば叱るほど，子どもは問題行動を繰り返します。

 先生が子どもの良さに注目すると，子どもはそれを自覚し，成長しようとします。

1 叱られることで，先生の関心をひくことができる

　同じことで何回も叱られている子どもがいませんか。その度，先生は「何回言ったらわかるの！」「また君ですか！」を枕詞にして叱るのですが，なかなか改善されないのが実情ではないでしょうか。
　先生が叱るほど，子どもの問題行動は頻発します。叱られ慣れてくると，まるで，先生の叱責を子どもは待ち望んでいるかの様相です。
　先生の方は問題行動を改めさせようと思っているのですが，子どもは「声をかけられた」「関心をひいた」と勘違いしているのです。ですから，「叱られた」という罪悪感よりも，「先生の注目を得られた」という満足感でいっぱいになります。人は承認される方に進んで行くものです。

2 良さの「予告」で，子どもの良さを引き出す

　授業中に隣の友だちにいたずらをしたり，むやみに話しかけたりする子どもがいました。その都度注意するのですが，一向に改善されません。ついに，「そんなに周りの友だちに迷惑をかけるのなら，教卓の横に来なさい」と声を荒げてしまいました。
　すると，子どもは予想外の反応を示しました。何と嬉々として机を移動し

始めたのです。「やったあ。これで先生のそばにいられる」と反省よりも満足そうにしています。先生に構ってもらえると勘違いしているのです。先生のそばに居たくて，叱られるようなことを繰り返していたのでしょう。

そこで，子どもが問題行動を起こす前に，「できていること」を褒めることにしました。例えば，授業の始まりには，「オッ！A君。算数の準備ができている。やる気満々だね」と授業に入る構えができていることを褒めます。授業中に背筋を伸ばしていると，「良い姿勢。素晴らしい。踵が床にぴたりとつき，膝を伸ばすことで背筋が伸びてかっこいいよ。姿勢が良くなると，頭も心も良くなるんだよ」と褒めます。

少し姿勢が崩れそうになったら，叱るのではなく，「さすがに良い姿勢を続けると疲れるよね。何分か休憩する？」とほっと一息つく余裕を与えます。「1分下さい」と子どもが答えると，先生はタイマーをセットして，「1分間，気分転換タイム」とA君がエネルギーを補充する機会を保障します。子どもは，自分のためにそこまでしてくれる先生を裏切ることはできません。1分経ったらまた良い姿勢を復活させます。

ノートを取っている時は，「きれいな文字を書くようになったね。隣のBさんもそう思うでしょう」と友だちからの承認も得られるようにします。どうして，Bさんも承認に関わらせるのかというと，褒めてくれる人は自分にとってありがたい人になるからです。そんな人にちょっかいを出したり，勉強の邪魔をしたりしたらバチが当たります。だから，Bさんのことも大事にしようと思うのです。

子どもの思い
叱られ続けると嫌気がさし，改めるよりも投げやりな気持ちなる。

子どもの思いを受け止めた先生の対応
叱る前に褒める！

言葉は受け手の心次第で解釈が変わる

　言葉には書き言葉と話し言葉があります。
　書き言葉は文字として残ります。
　それに対して，話し言葉は心に残ります。「ありがとう・楽しいね」などのホカホカ言葉は心を幸せにしますが，「うざい・きもい」などの，チクチク言葉は心を辛くさせます。
　これは言葉を使う人の立場の話です。
　一方，言葉を受ける人の立場ではどうでしょうか。心には2種類あります。一つは大きくて羽毛のようにフカフカな心。もう一つは小さくて鉄のようにカチカチの心です。
　フカフカな心はどんな言葉も柔らかく受け止めます。チクチク言葉でもそっと受け入れ，棘を溶かしてしまいます。人の話を前向きにとらえるので，批判されてもイライラせず，やり返そうという気になりません。
　それに対して，小さなカチカチの心は的が小さくて滑りやすいのでホカホカ言葉がかすっていきます。幸せな気分が通り過ぎて行きます。
　チクチク言葉は相手に跳ね返って行くのでトラブルが生じます。
　人に言ったことは水に流し，人に言われたことは石に刻みます。
　言葉は受け手の心次第で解釈が異なってくるのです。

第2章

「安心感」の無さが不登校を生む

　不登校というと，学校に行けない，行かないというイメージがありますが，「自分の安心感を得られる場所探し」ととらえると，不登校の見方が変わってきます。

　安心できる場所でエネルギーをチャージし，満タンになったらそこから飛び出していけます。

　安心して不登校をさせる。しっかりと不登校をすることが結果的に再登校を早めることになります。

　先生は，必ず学校に戻ってくると信じて，しっかりと待ってみましょう。

1 不登校は「もう限界です」というサイン

❌ しっかりした子どもを望む先生のクラスは，弱音を吐けないので，いつも良い子でいようとします。

⭕ 頼ったり頼られたりできるクラスは，ガス抜きを上手にしているので悩みが溜まりません。

1 大人が良い子を求める

　子どもたちを長年見ていると，しつけが行き届いた立派な子どもほど不登校になりやすい傾向があります。良い子ほど不登校になりやすいのです。

　えっ！良い子は充実した日々を過ごしているのだから，登校を楽しみにしているのではないのか，と思うのが一般的でしょう。

　ところが，そうではないのです。良い子といえば，がんばる子，一人でもやり抜く子，人に迷惑をかけない子，弱音を吐かない子，人を頼らない子などをイメージするのではないでしょうか。実は，良い子はいつもそのイメージに「応えよう」としているのです。

　人は弱い生き物です。いつもそんなに良い子ではいられません。どこかで休みたい時もあります。でも，先生や親や友だちが良い子だと思っているので，それを裏切る訳にはいきません。結局，良い子を続けるしかないのです。

　しかし，がんばりのエネルギーが無くなった良い子は，みんなの期待を裏切るような姿を見せるわけにいかないので，不登校を選択します。

2 良い子になることを求めない

　良い子が失敗した時には，「大丈夫だよ。誰でも失敗するのだから」とフ

ォローすればよいのでしょうが，良い子はなかなか失敗しません。

　また，たまに失敗すると，これまでそんな経験が無いので気が動転してしまいます。失敗すると恥ずかしい。弱い自分を見せるわけにはいかない。そこで，自らバリアを張り，周りのアドバイスをシャットアウトしてしまいます。先生が慰める言葉も耳に入りません。友だちの目も気になります。「失敗を糧にすればいい」という前向きな発想にはとてもなれません。

　では，どういった対応がいいのでしょうか？ 良い子が失敗した時は，しばらくしてからその子どものそばに行きます。そして，友だちの様子に目を向けさせます。冷静に見ると，誰も失敗のことを気にしていません。まるで失敗を知らないかのようです。人の評価はそんなものだということを教えます。

　さらに，失敗した直後と時間が経過した今の気持ちの違いを聞きます。直後はパニックになり，恥ずかしさでいっぱいだったのが，今はそれほどでも無いことに気づきます。

　その後で，失敗した時の気持ちを聞いてあげます。辛かった気持ちをはき出させ，「人は悩みを聞いてもらうと心が軽くなる」ことを教えます。悩みは人に話した瞬間半分に減り，時間が経つと軽くなることを伝えます。

　「無理しない」，「がんばり過ぎない」，「人の目を気にしない」ということを折に触れて子どもに伝え，周囲からも適宜サポートしてもらえる環境をつくれば，子どもたちのバーンアウトは回避することができます。

子どもの思い

いつも良い子でいることを求められているけど，みんなの期待に応えられない。

子どもの思いを受け止めた先生の対応

「がんばらない」ことが，「がんばれる源」だということを教えます。

2 我慢した時間だけ不登校になる

 良い子でいることを求める先生のクラスの子どもは，我慢することが多くなり，ストレスを溜めこみます。

 我慢させない先生のクラスの子どもは，ストレスを上手に発散させています。

1 予兆の分だけ不登校になる

　1年生でも6年生でも，学年に関係なくいつでも不登校になる可能性はあります。先生から見ると，いきなり不登校になったような気がしますが，そうではありません。それまで子どもが抱えていたストレスが爆発して不登校になるのです。ですから，不登校になった子どもは過去に遡って見つめ直すことが肝心です。そして，学校に復帰できる対応を考えます。

　ただし，学年が異なると復帰までの時間も異なります。学年が下の方が早く復帰できます。

　どうしてそうなるのでしょう。それは，学年によって我慢の量が違うからです。学年によって我慢を受け止める許容量が異なるからです。

　これはお年玉の貯金と似ています。仮に，お年玉が不登校の要素だとしましょう。低学年のころは1000円だったとします。子どもにとって1000円は大金です。ですが，10人にもらっても1万です。2年間で2万円の貯金です。

　中学年になると，「大きくなったから」と金額も3000円に上がります。低学年の時に比べて3，4倍の額を貯金できます。中学年になると，低学年に比べると我慢できる量も増えるので，不登校の要素も3，4倍に溜まってしまうのです。さらに，高学年になると，お年玉の金額は5000円。低学年の5

倍もの量になります。

2 がんばらなくていい，弱音を吐いていい環境をつくる

　では，不登校を防ぐにはどうすればいいのでしょうか。不登校はいきなり訪れません。「潜伏期間」があるのです。その後，潜伏期間と同じ，いや，それ以上の期間を不登校となって過ごします。

　そう考えると，不登校は生活習慣病と似ています。厚生労働省によると，「生活習慣病とは毎日のよくない生活習慣の積み重ねによって引き起こされる病気」だそうです。不登校の子どもに当てはまる「よくない生活習慣」は我慢することです。がんばることです。良い子でいることです。

　一方で，不登校の子どもは良い子が多いため，先生の対応，友だちの振る舞いに敏感です。人の振り見て我が振り直せます。また，脳は主語を認識できないので，人が言われていることを自分に言われていると勘違いするそうです。

　そこで，先生はクラスの子どもの失敗に対しては努めて寛大に対応します。仕方がないね，失敗は誰でもするよねと伝えます。がんばっている子どもには，「ちょっと休んだら？」と声をかけます。いたずらをされても我慢している子どもがいたら，「腹が立つよね」と子どもの気持ちに寄り添います。

　こうした，がんばらない，弱音や愚痴を吐いても責められることはないという安心感が，良い子にも，必要以上の我慢を強いられずに済む，という気持ちにさせます。

子どもの思い

愚痴や不満を言う人は弱い人だ。

子どもの思いを受け止めた先生の対応

愚痴をこぼしたり，文句を口にしたりすると楽になることを教えます。

3 良い子ほど不登校になる

 子どもは期待されると感じると，良い自分を演じるので，精神的に疲れます。

 悩みや愚痴を口にした子どもに「よく話してくれたね」とねぎらうと，自分の弱さを出してもいいのだと安心します。

1 期待されると無理をする

　良い子には二通りあります。人の目を意識して良い子を演じているケースと無意識に行っているケースです。

　良い子を演じている子どもは，どこかで息を抜いています。演技の疲れを取っています。

　しかし，無意識のケースは自分が無理をしていると思っていないので，常に緊張した状態を保っています。

　良い子は人に迷惑をかけることを極力控えようとする傾向があります。迷惑をかけるということは心配をかけることだからです。

　だから，不満や悩みを友だちに言うことはありません。それは自分の役割ではないと知っているからです。みんなの不満を聞いて，「ありがとう」と安心してもらうことが自分の役割だと思っています。

　もちろん，親にも言えません。親が悲しむからです。親に辛い思いをさせたくないのです。

　普段から，「良い子だね」，「小さいのにしっかりしているね」と言われると，ますますそうなろうとします。期待に応えようとするので，子どもらしさを発揮できません。

良い子であり続けるには，怒哀を封印することです。しかし，これは自分の感情に蓋をしているようなものです。

2 見せて，知らせて，真似させる

では，傍から見ると無理をしているように見えても，どうして「良い子」のままなのでしょうか。それは，自分の感情を素直に出していいということを「知らない」からです。

そこで，先生はありのままの自分を見せてくれることを労う場面を子どもたちの前で見せます。

例えば，子どもが転んで，泣いて来たとします。先生は，「痛かったね。どこが痛い？よしよし，痛いの痛いの飛んでけ〜」と痛い箇所をさすってやります。そして，「よく先生の所に来てくれたね。嬉しいな，先生を頼ってくれて。先生の魔法で痛いのを飛ばしてあげるからね」と励まします。

「先生，ありがとう。もう大丈夫」。子どもはいつの間にか泣きやみ，また遊びに向かいます。

これを見ていた良い子は「そうか。怪我をしたら先生に看てもらうと痛みが飛んでいくんだ。困った時は先生に頼るといいのか。先生は頼られると嬉しいと思うんだ」ということを知ります。

良い子は人に尽くす，貢献，役立つことなど，人が喜ぶことをしようとします。「頼ると人は喜ぶ」ということを先生から学んだ良い子は，しだいに人を当てにし，頼ることを覚えていきます。

子どもの思い
不満を言うことは人に迷惑をかけることだ。

子どもの思いを受け止めた先生の対応
「ありのままの自分を発揮すると，先生は喜んでくれるんだ」ということを伝えます。

4 不登校児童が一番不安な時間

登校して欲しいと願っている先生は，始業前に電話をしますが，子どもにとって朝はもっとも辛い時間なので，先生からの電話や家庭訪問を嫌がります。

登校よりも子どもの気持ちの安定を願う先生は，昼休みに学校の情報を伝えます。

1 「朝」は登校の時間だから辛い

　不登校児童が一番不安な時間はいつでしょうか。それは，朝です。登校時間です。先生や親は登校してくれることを望んでいることを知っています。知っているけれど，それに応えられるエネルギーがありません。親の期待に応えられない，悲しい思いをさせている自分を「ダメな自分」と自己否定します。

　親は行かせたい。自分は行けない。親は登校しない我が子にいらだちます。子どもは，登校したくてもそれができない自分のことを親に理解してもらえずに苦しんでいます。朝は親子の葛藤の時間です。

　そこに，担任の先生から，「今日は登校できるかな」と催促の電話がかかってきます。先生は自分が声をかけたら登校してくれるのではないかと期待しています。

　また，何もしないのは担任としての責務を果たしていないという使命感が朝の電話につながります。

　登校させたい親は，先生からの電話に百万の味方を得た気分になります。

　「先生から電話だよ。登校できるかなって心配していたよ。クラスの友だ

ちも，あなたが登校することを待っているんだって」と語りかけます。

それでも，登校するエネルギーはわいてきません。このまま電話があるリビングにいては，登校を急かされるだけです。気持ちが落ち込んでいきます。イライラしてきます。

2　子どもの気持ちが安定する「昼」に電話をしよう

朝以外に，先生が電話をできる時間は，昼休みと放課後です。

放課後は日が暮れています。特に冬は4時を過ぎると暗くなります。5時なると真っ暗です。人は暗くなると淋しくなります。意欲は低下し，お休みモードになります。そんな時に先生から電話をもらっても元気は出ません。気持ちの沈んでいる時に，学校のことを聞いてもイメージがふくらむどころか，気が滅入ってしまいます。さらに「明日は学校に行けるかな……」と不安な気持ちになっている時に，先生の声を聞くと不安が増していきます。

先生が電話をするなら，昼休みです。お日様が真南にある時に電話をします。お昼は子どもの気持ちが一番安定しています。朝の辛い時間が終わり，一日の中で一番ホッとしている時間です。そんな時なら学校の話題を受け入れることができます。

先生は自分の都合ではなく，不登校の子どもの気持ちが一日の中でどのような心境でいるかを考え，つながりを持ちます。

子どもの思い

登校したいけど，登校できない。だから，朝は辛い。

子どもの思いを受け止めた先生の対応

登校を考えなくてよい時間，一日の中で一番心が軽い時間はいつなのかを考えて連絡を取ります。

5 不登校時の わがままの意味とは

子どもが希望することをわがままと受け取る先生のクラスの子どもは，それを口にすることをはばかり，我慢します。

子どものわがままを受け入れる先生のクラスの子どもは，わがままを言っても，それを振り返ることができるようになります。

1 わがままは子どもの試し事

　さきの項目で，不登校は良い子がなりやすいと書きました。良い子でいるということは，子どもらしさを封印しているのです。だから，不登校になったのです。子どもらしくありたいと心が訴えているのです。

　わがままを言う子どもは「それでも私を受け入れてくれますか？」と試してきます。ならば，しっかりと子どもらしさを発揮させてあげます。子どものわがままを受け入れます。

　不登校児童宅を家庭訪問したある日のこと。彼は，公園で野球をしたいと言います。グローブ・バット・ボールの一式を持って来て欲しいというので，私はそれらを抱えて出かけました。

　これから野球をしようとしたその時，彼は「やりたくない」と言います。普通なら，「『やりたい』と言ったのは君だよ」と文句を言いたいところですが，「わかったよ」と受け入れます。

　自宅は冷房が効いている快適だったのでしょうが，外は太陽が照りつけ，公園に着くと，彼は汗だくです。不登校になってからは外に出る機会が減り，運動不足の状態。暑さが体に堪えたのでしょう。

　今度は，「家に戻ってトランプをしたい」と言います。「トランプを用意し

たら『止めた』というのだろうなあ」と一瞬思ったのですが,「わかったよ」とにっこり笑って受け入れます。

自宅に戻ると,「何をする？ババ抜き。君のやりたい遊びをするから,君が準備してくれるかな」と今度は子どもに準備をさせます。子どもは素直に私の言葉を受け入れ,トランプを並べます。

人はしてもらったら,して返そうとします。野球を止めるということをしてもらったのですから,今度は自分がして返そうと思ったのでしょう。

2 わがままを受け入れると，心の安定を図れる

翌日,びっくりする言葉を子どもからもらいました。

「先生,昨日はごめんね。野球を止めて,トランプやりたいって言って。それに,野球の道具を全部持ってくれてありがとう」

「いいんだよ。人は気が変わるものだよ。それよりもちゃんとトランプをやりたいって言ってくれたことが嬉しかったよ。だって,君がやりたいことをやっている嬉しそうな顔をみられたからね」

「それってわがままではないの？」

「でも,君は先生に『ありがとう』って言ったでしょう。だから,わがままではないよ」

こうして,子どもは自分の意志を変えることはわがままではない,受け入れてもらえるんだということを学んでいきます。

子どもの思い

先生は私がわがままを言ったら,嫌いになるかな？

子どもの思いを受け止めた先生の対応

「信頼されているからこそ,わがままを言えるのだろう」と受け入れます。

6 不登校の軽重は服装でわかる

服装に心が反映されることを知らない先生は，子どもが状況に合わない服を着ていても気になりません。

昨日と違う服を着ていることに気づく先生は，服装を話題にして，明日への活力を蓄えられるようにします。

1 重い不登校は真冬でも半袖・素足

　冬の寒い日，不登校児童の家庭訪問に向かいます。手袋をしている指先が冷たくなります。ウインドブレーカーを身にまとっていても，寒さが身体に堪えます。吐く息は白く，耳はジンジンしてきます。

　玄関に入ると，温かさにホッとしますが，子どもの姿を見て，また寒くなりました。なんと，パジャマ姿です。しかも，靴下も履いていません。髪の毛はぼさぼさのまま，まるで今起きたかのようです。自分の部屋から出てきて，そのままの格好でテレビをリビングで観ていたようです。子どもの後をついてリビングに行くと，何と温かいことでしょう。これなら靴下を履く必要はありません。パジャマのままでも十分な環境です。一般的には，起きると着替えます。パジャマのままでいるのは，病気か休日の時くらいです。素足にパジャマ姿ということは，出かける意志が無いということです。

　実は，この子どもは不登校が長引いていました。私が担当する2年前から不登校になっていたのです。最近は買い物にも行かなくなり，ずっと家にいる状態です。床屋にも行かないので，髪の毛は伸び放題になっていました。

　雪が降ってきても，カーテンを開けて，「寒そう」という反応です。人と関わるよりも自分の世界にこもっていたいのです。自分のペースを変えて，

相手に合わせるエネルギーが無いのです。

2　心は家でも，外見は学校

　それに対して，最近不登校になった子どもの外見は違います。家でも名札を着けています。学校に行かないのに名札を着けるのは矛盾していますが，身体が無意識にそうさせるのです。登校していた時の名残です。心は不登校ですが，身体は登校しているのです。服装もパジャマではなくお出かけ用です。靴下も履いています。今からすぐにでも登校できそうです。

　外に行こうか？と誘うと，「行く，行く」と無邪気に喜びます。遊び相手を待っていたのです。人との関わりを欲しているのです。外は雪がチラチラと舞っています。それを教えると，「待って。ダウンと手袋を持ってくる」と引き返します。その場に応じた服装を意識できています。

　翌日訪問すると，前日と異なる服を着ています。登校している子どもたちは二日続けて同じ服を着ません。特に女子はそうです。同じ服を着るのは恥ずかしいことなのです。ですから，初期の不登校や復帰が間近な不登校児童は無意識に前日とは違う服を着ます。外見は登校しているのです。

　これを明日のエネルギー・チャージに活用します。「明日は今日よりも寒いみたいだから，セーターが必要かな」と明日を意識する声かけをします。子どもは，「セーターはまだ着ていないから，今晩準備しておこう」と心の中で思います。そうした「気にかけてもらっている」ことの嬉しさが登校へとつながっていきます。

子どもの思い

不登校ではあるけど，起きたら学校に行く格好に着替えるのは当たり前。

子どもの思いを受け止めた先生の対応

服装を話題にして「登校刺激」を与えます。

7 「何で？」という質問が不登校の理由を増やす

 不登校児童が登校することを第一義に考える先生は，不登校の理由をそのまま受け入れて対応してしまいます。

 不登校児童の心境を理解しようとする先生は，不登校の理由に慌てることなく対応します。

1 親や先生に納得してもらえる理由を考える

　不登校児童に「何で学校に行かないの？」と聞くと，親に納得してもらえるような理由をつくります。親は学校に行って欲しいと思っているので，「それなら学校に行けないね」と納得してもらえる理由，安心してもらえる理由をつくり出します。

　親に納得してもらえるような不登校の理由は2パターンあります。

　一つは，自分の体調不良です。熱がある，腹痛がすると言えば，病気なので「がんばって登校しなさい」とは言いません。「今日は家でゆっくりしよう」と欠席することに納得してくれます。ただし，重症だと通院することになるので，「少しお腹が痛い」「ちょっと熱がある」と軽症であることを強調します。

　もう一つのパターンは学校に原因を求めることです。友だちに意地悪をされる，宿題が終わらない等々。親はそれを聞くと，担任に連絡をします。担任は「登校してくれるなら」と，すぐに要望を受け入れます。

　不登校児童は原因を他人に転じます。自分に原因があれば，自分が変わらなければなりません。自分が変わるということは，学校に行くことです。自分以外に責任を帰せば，休んでいられます。

ただし，親や家庭のせいにはしません。そんなことをしたら，家に居ることができなくなり，不登校ができなくなるからです。

2 不登校の「理由」を聞かない

不登校をするためには理由が必要です。不登校児童が理由をつくるたびに，先生や保護者がそれを取り除いていては「理由」が無くなってしまいます。

登校したい，でも，できない。相反する事柄の板挟みに陥っているのに，新しい不登校の理由をつくるという二重の重荷を背負うことになります。朝を迎えるのが辛くなり，ますます不登校が長引きます。

では，先生はどうすればいいのでしょうか。それには，不登校の理由を聞かないことです。「今日の調子はどう？」とざっくりと聞きます。

「宿題が辛い」と訴えても，「じゃあ，特別に君だけ宿題無しにするね」と理由をそのまま受け入れるのではなく，「そうだよね。終わらない時は休みたいよね」と，まずは子どもの理由に共感します。「しかたがない。免除するよ」と特別扱いを保障するのではなく，課題をあえて残しておきます。そうしないと不登校の理由が無くなってしまうため，新しい不登校の理由をつくり出すことになり，ますます悪循環に陥ってしまいます。

解決するよりも，まずは「いろいろ（不登校の理由は）あるよね」とざっくりと応えるようにします。

子どもの思い

また，朝が来た。今日は何のせいにすればいいかな？

子どもの思いを受け止めた先生の対応

子どもが挙げる理由に対し，「そうだよね」と肯定し，理由を考えるという辛さから解放させてあげようとします。

8 登校刺激は与えよう

> ✗ 学校に行けないのだから，と学校の話題を避ける先生の指導は，「学校」をさらに遠い存在にしてしまいます。

> ○ 学校の様子を話題にする先生の指導なら，学校に復帰した時，すぐにクラスに馴染むことができます。

1 登校刺激を与えないと，学校のことがわからない

　ある日，不登校児童が登校しました。先生も友だちも大喜びで，座席に案内します。促されて席に着いた不登校児童に話しかけ，歓迎ムードで一杯なのですが，どうも本人は馴染めないでいるようです。

　不登校児童が休んでいる間，掲示物・座席など教室環境が変わっています。自分が知っている教室でないことに戸惑っていたのです。きっと，初めての場所に来た気分になっていたのでしょう。せっかく登校したのですが，クラスの仕組みがわからないので，順応できずに，自分だけ別の世界の人間のような気がします。

　実は，この先生は不登校児童には「登校刺激を与えない方が良い」という話を聞いて愚直にそれを実践していました。電話や家庭訪問の際，先生はあえてクラスの情報を知らせませんでした。それが裏目に出てしまいました。

2 ステップを踏んで登校刺激を与える

　登校刺激は運動（練習）と同じです。例えば，いきなりゴルフコースに出る人はいません。最初は練習場で打ちっ放しを行い，なんとかボールがまっすぐ飛ぶようになってからコースに出ます。

不登校も同じです。最初は軽い登校刺激を与えます。「間接的な話題」です。例えば、「学校の桜が咲いたよ」と話しかけます。花が咲くのは「子どもの努力」とは無関係なので、「学校は変化しているんだ」という情報を得ることができます。

　どうして、はじめは「間接的な話題」なのかというと、いきなり興味を持つような話題をされると、「よし、学校へ行こう」という前向きな気持ちよりも、「いいなあ。でも学校に行けないから楽しめない」と無力感を覚え、登校へのハードルを高くするからです。

　軽い話題に慣れて来たら、学校行事などの「直接的な話題」に変えていきます。例えば、「来週からプールが始まるよ。どれくらい泳げる？」と投げかけます。ある子はこうした言葉がきっかけでスイミング・スクールに通うようになりました。実は、この子は25メートルを泳げませんでした。子どもの気持ちは「25メートル泳げるようになりたい」という素朴な願いでした。それをお家の人が受け止めてくれて、翌日から短期コースに通わせてくれました。スイミング・スクールの練習生は不登校になっていることを知らないので、負い目がありません。泳ぎの練習をしている時、学校の話をすることもないので気持ちが楽です。

　こうして、25メートル泳げるようになった不登校児童は、学校のプールの授業が始まるのが楽しみとなり、「学校に行こうかな」から「学校に行きたいな」という前向きな言葉を発するようになりました。

子どもの思い

登校しても学校の様子がわからないから不安……。

子どもの思いを受け止めた先生の対応

いつ登校してもいいように、クラスの情報を伝えておきます。

第2章　「安心感」の無さが不登校を生む

9 子どもは安心できる場所で不登校をする

　保護者に登校を促される不登校児童は，家に居場所がなくなるので，勉強部屋に引きこもろうとします。

　家でしっかりとくつろげる不登校児童は，心の安定を図れるので，登校のエネルギーをチャージできます。

1 不登校になった我が子を家で見るのは辛い

　不登校になると，親は学校に行って欲しいと切望します。
　「学校では今ごろ修学旅行の話し合いをしているね。楽しいよね。あなたもその仲間に早く加われるといいね」と学校の楽しい話題を告げて，学校に行きたいと思うよう仕向けます。
　それでも動こうとしないと，だんだんと怒りがわいてきて，「友だちは学校に行っているのに，何であなたは家に居るの」と愚痴を言ってしまいます。
　「育て方が悪かったのかな」と自分を反省した負のエネルギーはそのまま子どもへの冷たい仕打ちへと跳ね返ります。親も辛いのです。登校しない我が子を見るたびに，「何で，何で？」と落ち込んでいきます。その気持ちもわかります。

2 人は居心地の良い場所に避難する

　では，どうして不登校になった子どもは家庭を居場所に選ぶのでしょうか。それは，家庭の居心地が良いからです。
　確かに，不登校になった今は親から登校を促す言葉でせかされていますが，それまでは優しく包んでくれていました。大事に育ててもらっていました。

子どもはそれを覚えているのです。

　不登校で家にいても，今までと同じように面倒を見てくれます。「学校に行っていれば給食の時間なのだから，お昼は抜きね」なんてことは言いません。ちゃんと昼食を用意してくれます。一緒にテーブルにつき，談笑しながら昼食を取ります。文句を言いながらも面倒を見てくれることを知っています。

　人は，人がそばに居てくれると落ち着きます。特に心配事があるとそうです。家に居れば親がそばに居てくれるので，安心できるのです。親は心の中では不登校を受け入れています。それを子どもは敏感に察しています。

　人は居心地の良い場所で安らぎを覚えます。安心するのです。

　ですから，保護者は，我が子が不登校になって家を選んだら，「ありがとう家を選んでくれて。ありがとう私のそばにいてくれて」と感謝してみてはとも思います。「学校に行かない」と思うと気が重くなるでしょうが，「我が家」「私」を頼ってくれたと思ったら，しっかりと受け入れようと気持ちが変わります。

　居心地の良さを感じると，生活するエネルギーがチャージできます。それが長い目で見ると登校への意欲につながったりします。

　そう考えると，子どもが登校してくれることは先生にとってとてもありがたいことです。「学校は居心地が良い」と思ってくれているわけですから。そうして，登校してくれることに感謝すると，子どもがますます可愛く見えてきます。

> **子どもの思い**
>
> 不登校になったら家が避難所なのに，どうして居させてくれないの？

> **子どもの思いを受け止めた先生の対応**
>
> せっかく家を「選んだ」のですから，まずは居心地の良さを感じてもらいます。

10 しっかりと不登校をさせる

登校してくれることを期待している先生は，不登校を「改善すべき行動」だと思っています。

不登校は「子どもの心の叫び」だと知っている先生は，まずはしっかりと家庭で不登校をすることを願っています。

1 入院患者には激励よりも安静

　不登校になった子どもに対して，「学校で待っているよ」と先生は言います。実は，この言葉は不登校児童にとっては辛い激励なのです。

　「学校に行くこと」は当たり前で，不登校は「改善すべき行動」だというのが通説です。そこで，登校できるように手立てを講じます。相談機関に出向いたり，カウンセリングを受けたりすることで心を上向きにして，登校の準備をします。

　ですが，不登校を病気だと置き換えてください。ある時，私は発熱し，近所の病院でもらった風邪薬を服用したのですが，薬が切れるとまた熱が上がりました。そこで，今度は大きな病院に変わったのですが，ドクターは症状を聞いただけで，風邪ではなく別の病名を告げ，即，入院となりました。

　この時，私は入院にショックを受けたでしょうか？答えは，否です。「これで治療に専念できる」と安心できました。当初は劇的な回復はみられませんが，「やがて治る。今日よりも明日の方が回復しているはずだ。絶対に治る」と，気持ちが日々前向きになっていました。

　お見舞いに来る人は，「入院して大変ですね」と心配してくれるのですが，入院前は熱がありながらも仕事をしていた辛さを考えれば，今は治療に専念

できます。無理をしなくて済むので，回復に向う希望の方が大でした。

不登校もこれと同じです。不登校は「もう学校に行けません」という心のサインです。それでも，周囲は「大丈夫だから，学校に行こう」と励まします。しかし，これは具合が悪い人に無理を要求しているのと同じです。

2　しっかりと不登校をしよう

不登校になったらしっかりと家で休ませるのが肝心です。無理をさせないのです。不登校をしている期間は，がんばってきた心の疲れを取ってあげます。わがままを受け入れ，子どもの要素を発揮させ，使い切るようにさせます。

自宅で「静養」しようしているのですから，登校している時と同じことを要求しては酷です。やっと，「不登校」という診断をもらえたのですから，ゆっくりした気分で回復を期します。

先生はクラスの友だちに励ましの手紙を提案したり，電話や家庭訪問で登校を待っていることを伝えたりしたいでしょうが，不登校児童の状況に合わせて，ゆっくりと不登校をさせてあげます。

具合が悪い時は入院して治療に専念した方が早く回復します。不登校も同じです。まずは，安心できる空間でしっかりと不登校をしてもらいます。

すると，料理を作る・習い事に行くなど子どもは動き出します。がんばっている姿を自覚し，それを他の人に知ってもらいたいという欲求がわいてきます。こういう「欲」が活力となって登校へとつながります。

> **子どもの思い**
>
> やっと不登校しなきゃいけない状態だとわかってもらえたのに，何で登校を促し，励ますの？

> **子どもの思いを受け止めた先生の対応**
>
> しっかりと不登校をして，元気になってから登校すればいいことを伝えます。

11 まず子どもよりも保護者を安心させる

 不登校の原因を追求し，保護者にアドバイスをしたがる先生は，保護者の要望の是非にこだわります。

 保護者の要望を受け入れたうえでアドバイスをする先生は，保護者を安心させることにつながり，さらにアドバイスを求められるようになります。

1　子どもが言う不登校の理由を解決すれば登校できる？

　子どもが不登校になると，保護者は「何が原因でしょうか？」と原因探しをします。「子育てが間違っていたのでしょうか」と自己嫌悪に陥ります。そして，「何をすればいいのでしょうか？」と対応策を試行錯誤します。

　それは，我が子の不登校を初めて体験するからです。知らないから慌てるのです。今まで，不登校について耳にはしていたものの，他人事でした。しかし，いざ自分のこととなると，不登校についての知識が無いのですから，適切な判断ができません。

　子どもが不登校になると，保護者は「何で学校に行かないの？どうしたら学校に行けるの？」と子どもに理由を聞きます。原因が解消できれば登校できると思っているからです。

　我が子が「宿題が負担」と言えば，保護者は担任に「宿題が負担といっているのですが」と連絡します。相談口調ですが，「宿題が無ければ登校するということなので，うちの子どもは『宿題無し』にしてください」と切望しています。さらに言うと，「不登校なんだから，先生はお願いを聞いてくれる」と信じています。先生は「特別扱いすることはできません」と無碍には

断れないので，保護者の希望を尊重して，「わかりました」と承諾します。

　もし，先生が見当違いだなあと思って反論すると，保護者の不安を煽るだけです。とにかく保護者が納得するまで対応します。

　それでも結果がでないとわかると，人は他人の意見に耳を貸し，頼ろうとします。その時，保護者は先生に対してこれまでの配慮に感謝するようになります。

2 待つことで，保護者は信頼する

　子どもにとって不登校の「理由」をつくるのはきっと大変だったことでしょう。それに対応してもらっても登校できないというのは，子どもが一番わかっています。先生が対応策を講じるたびに，次の「理由」を考えなければなりません。子どもは不安な気持ちがあるから不登校になっているのですが，「理由」づくりという困難を背負うことになります。

　ここで先生は，不登校の初期は子どもが望むとおりにしてやることが肝心だということを伝えます。先生が子どもの望みどおりの対応を約束してくれると，保護者は「これで登校できる」と安堵します。先生は保護者を「説得」させようとするのではなく，「安心させる」ように配慮します。

　不登校児童の心の安定には保護者の接し方が大切です。保護者の不安な気持ちを取り払うと，不登校に対する考え方が変わります。

　考えが変わると，不登校になっている我が子への接し方が変わり，登校への光が見えきます。

子どもの思い

お母さん，理由を聞かれると責められている気になるから辛いんだけど……。

子どもの思いを受け止めた先生の対応

まずは保護者の言う通りにやってみます。そうすることで，保護者は納得し，次第に先生の考えを聞くようになっていきます。

「もう」ではなく，「まだ」の子育て

　新年度の４月の懇談会で，「学校や近所での評判は良いようなのですが，家ではそうでもない」と心配そうに挨拶をする保護者。
　でも，それは子育てが上手くいっている証拠です。人はどこかでがんばれば，どこかでリラックスすることで心のバランスを保っているのです。
　がんばる，緊張する場は社会です。大人なら会社，子どもは学校です。そこで「良い自分」を演じることで，良好な人間関係を保ち，実力を発揮します。しかし，緊張したままではやがてバーンアウトしてしまうので，緊張した分のリラックスが必要となります。では，どんな場所なら自分を解放できるのでしょうか。それは安心空間がある場所です。安心空間とは多少のわがままを許してくれる人，愚痴や不満を聞いてくれる人，優しい言葉をかけてくれる人，つまり，自分を受け入れてくれる人がいる場所です。
　安心空間でのんびりし，自分をさらけだし，不安を解消できるから，自信を持って社会に飛び出し，「良い自分」を演じることができるのです。
　そこが家庭なら，子育てが成功しているという証拠です。「外で良い子だけど，家はではそうでもない」というお子さんはがんばった分のリラックスを解放する場を家庭に求めているのです。家庭が「良い場所」と認めているのです。いいことです。素晴らしいことです。
　そう考えると，「もう〇年生なのだから」といったように変に大人扱いせずに，「まだ〇年生なのだから…」としっかりと子ども扱いしてあげます。
　「もう」ではなく，「まだ」の子育てです。

第3章

「安心感」を生む クラスづくりのポイント

　子どもは，どんな時でも先生を見ています。先生の話を聞いています。それが子どもの行動の指針となります。
　一緒に居る時は「大丈夫だよ」とつないだ手を優しく握りしめます。子どもが前に進み出したら，「いつでも戻って来ていいんだよ」と後ろ姿を見守ります。すると，子どもたちはクラスの中に居心地の良さを感じ，安心感を得られます。
　それには，先生が子どもをしっかりと子ども扱いすることです。そうすると，子どもは子どもらしく振る舞うようになります。
　どんなクラスにするかは，先生次第なのです。

1 「見守られている」と思える状態をつくる

> ✗ 落ち着きのないクラスの先生は
> 何から何まで自分でやろうとします。

> ○ 落ち着きのあるクラスの先生は，
> 手を貸すタイミングを図っています。

1 子どもの中に入ると視野が狭くなる

　休み時間，子どもたちとドッジボールに興じる先生。女子はキャーキャー言いながら先生を盾にして逃げ回ります。男子は挑むように先生めがけてボールを投げます。

　一方，先生は内野に居る時はボールをキャッチすることに集中し，外野に出たら相手の内野を当てることに必死です。ボールは先生を起点にして動いています。子どもたちは先生の動きに合わせて移動しています。ボールも子どもも先生を中心に動いています。真剣に子どもと遊んでいる先生には好感が持てます。和気藹々としたクラスのようにみえます。

　しかし，よく見ると「遊びの中心」が先生になっています。先生の視線はボールにあるので，全体に向きません。外野ではボールをそっちのけで談笑している子どもがいます。転んだ子どもがいても先生は気づきません。

2 子どもと距離を置くと，「見守る」ことができる

　親という漢字は「木の上に立って見る」と書きます。「木の上」に居れば周りを見渡すことができます。どこで何が起こっているかがわかるので，全体を掌握しやすくなります。客観的に判断できます。「木の上」に居ること

で子どもを見守ることができます。

　先ほどのドッジボールに例えると，コートから少し離れた場所にいると全体を見渡せるので，ボールを持っていない子どもの動きも目に入ります。ボールに触ることができずに手持ち無沙汰にしている子どもがいればそばに行って，適切なポジショニングをアドバイスしたり，ボールを独占している子どもにはパスを回すように指示したりできます。

　転んだ子どもがいたら，駆け寄って怪我の状態を見ることができます。もし一人で起き上がれそうならば，すぐに助けに行かないで見守ります。そして，後で「転んだけど，泣かないで，すぐに立ち上がったね。お兄ちゃんになったね」と褒めます。

　学校では先生が子どもの親代わりです。「親」を「先生」と置き換えてみます。子どもは「先生がいつも見守ってくれている」と思うことで，何かあったら助けてくれるので勇気を出してチャレンジする気になれます。成長したことは褒めてくれるので，自信が持てます。子どもは先生の温かいまなざしを感じることによって，日々の生活を安心して過ごせるのです。

　また，「木の上」から見ることによって，事の軽重がわかるので，先生の出番の有無を客観的に判断することもできます。ここは子どもの判断に任せても大丈夫，ここは手を差し伸べた方がいいと冷静な判断ができます。先生は子どもと適当な距離を取ることによって，子どもを見る目に客観性ができます。過干渉にならずに済むので，子どもの自立を促します。それが相互の信頼関係を築くことにつながっていきます。

子どもの思い

先生が何から何までやってくれるから，先生に依存した方が安心できる。

子どもの思いを受け止めた先生の対応

少し子どもとの距離をとりつつ，先生のヘルプが必要な場面では，子どもの様子を気遣います。

2 「発言してもいいんだ」と思える状態をつくる

 荒れているクラス子どもの先生は，発表する子どもにやる気を注入します。

 落ち着きのあるクラスの先生は，発表する子どもに「間違っても平気」という安心感を注入します。

1 自分が傷つきたくないから挙手しない

　発言しない子どもは二つのタイプに分けられます。一つは，わからないから挙手できないタイプです。もう一つは，わかっているけど挙手をためらうタイプです。

　前者のわからない子どもに発言を求めることは酷です。まずはわかるようにさせることが先決です。

　先生が配慮すべきは，後者の発言をためらう子どもです。どうして発言をためらうのでしょう。それは自分を守るためです。子どもたちは正解だけが価値ある発言だと思っています。間違った発言は失敗だと思い込んでいます。誰でも，失敗はしたくないものです。発言しなければ失敗しません。自分は傷つかずに済みます。

　ためらうもう一つの理由は，友だちの目です。もし間違っていたら友だちから馬鹿にされる，笑われる，反対意見を言われる等々の心配があります。言い換えれば，友だちへの信頼度が低いのです。荒れているクラスの大方の子どもはそんな不安を持っています。だから，安心して挙手できないのです。

　では，そんな雰囲気をつくっているのは子どもでしょうか。残念ながらそれは先生です。変わるべきは子どもではなく，先生なのです。

2 「予想は嘘よ」

　雰囲気を和ませるために，例えばこんな言葉のトリックをしてみてはどうでしょうか。まず，黒板に「予想（よそう）」と書きます。先生は黙って指示棒を「う」に置きます。子どもたちは「う」と声にします。子どもたちの間に「何で先生は逆から言わせるのだろう」という不思議さが漂います。

　そんな雰囲気を気にせずに，先生は「そ」を指します。このあたりで徐々に子どもたちは先生の意図がわかってきます。最後に「よ」を指します。すると，「うそよ」となります。クスッという笑い声が起こります。「嘘だって」と面白がる子どもがいます。先生は「よそう」を指示棒で往復します。すると，「よそう→うそよ」となります。先生が「『予想は嘘よ』になるなあ」とつぶやくと，子どもたちは「予想は嘘だって！」と大喜びします。

　そのうえで，先生は子どもたちに発表を求める際「予想は……」と声をかけるようにします。すると，子どもたちは「嘘よ！」と声を合わせます。

　間違いを恐れるから挙手をためらうのです。事前にそれを取り払ってあげれば，子どもの気持ちは軽くなります。間違いの意見を耳にしても，友だちはそれを受け入れます。クラスの中にあった緊張感が解け，「『嘘』でもいいんだ」という安心空間が築かれます。「ダメでもともと」という良い意味での開き直りができ，間違っても自分が傷つかずに済みます。友だちも，間違いに対しても，「嘘だから仕方がない」という寛大さを示し，微笑んで受け入れてくれるようになります。

子どもの思い

間違ったらどうしよう。恥ずかしいな。

子どもの思いを受け止めた先生の対応

ユーモアを交えて子どもの心を和ませるフレーズを持ちます。

3 「間違い」や「意見を変える」ことを保障する

発言の少ないクラスの話し合いは,
結果にこだわります。

活発に意見交換するクラスの話し合いは,
過程を楽しみます。

1 正しさを求めるから挙手をためらう

　授業中に挙手しない子どもがいます。どうして挙手しないのでしょうか。それは先生が正解を求めるからです。

　正解を求められるということは,間違いを認めないということです。すると,子どもは,失敗したくないという気持ちになります。先生から認められないだけでなく,恥ずかしい思いをすることになります。

　「『失敗は成功の元』だから」と先生が挙手を促しても,「正解」だけを求めていたら,子どもは挙手できません。自分の考えに自信がある子どもばかりではありません。不安な思いで挙手する子どもの方が多いはずです。

　そもそも,授業は新しいことを学ぶ時間です。「新しい」ということは,未知なのですから,「できない・わからない」のが当たり前です。それなのに先生が正解だけを求めたら,挙手しようという勇気がわいてきません。

　正解だけを求めるクラスには安心感が無いので,挙手することができないのです。

2 先生は「正解」の意見に飛びつかない

　3年生の理科は「豆電球と乾電池をつないで明かりをつける」ことを勉強

します。回路ができると電気が流れ，豆電球に明かりがつきます。

「導線を長くした回路と導線を短くした回路では豆電球の明るさは同じでしょうか。それともちがうでしょうか？」という発問をしました。

まず，「短い方」と答えた子どもにその理由を聞くと，「扇風機も近くの方が涼しく，離れるほど風が来なくなる」と言います。扇風機の体験はどの子どもにもあるので，合点が行ったようで，意見を変える子どもが何人も出てきて，「短い方が明るい」という意見にクラスの意見が傾きかけてきました。

すると，すかさず反論があります。「それでも，『同じ』です」と挙手する子どもがいました。「『どちらが早く明かりがつくのか』なら短い方かもしれないけど，先生は明るさを聞いているのだから，同じです。例えば，水撒きをする時，蛇口の捻り方が同じなら短いホースでも長いホースでも出てくる水の勢いは同じです」とこちらも身近な例をあげて理由を述べます。ここで，「そうですね」とこの意見に飛びつきたくなったのですが，グッと我慢して「なるほど，水の勢いは同じだよね」と意見を返します。

再度，どちらの意見を指示するかを問うと，ほぼ半々になりました。意見がこのように分かれるのは良い発問です。

子どもたちは早く実験をして，どちらが正しいのかを確かめたくなっています。

このように，先生が正解に飛びつかないことで，子どもたちの方が自然と迷い，間違いを気にならなくなり，意見を変えることに臆しなくなります。

子どもの思い

自分の考えに自信が持てないから，挙手できない。

子どもの思いを受け止めた先生の対応

「間違ってもいいんだよ」という気楽な雰囲気を前面に出します。

第3章 「安心感」を生むクラスづくりのポイント 61

4 甘えが満たされている状態をつくる

 安心感のないクラスの子どもは，ちょっとしたことでも大げさに振る舞います。

 安心感のあるクラスの子どもは，少々のことでも気にせず，めげません。

1 心配して欲しいから大げさになる

　休み時間，子どもが血相を変えてやってきます。「先生，大変です。怪我をしました。怪我をしました」。怪我をしたら走れないはずなので，「誰が？」と聞くと「僕です」と答えます。本人は至って真面目で，まるで大怪我をしたかのようなうろたえぶりです。

　彼の興奮を抑えるように，ソフトな声で「どれ，どれ。どこを怪我したのかな？」と尋ねます。すると，子どもは「ここ」と膝頭を指差します。確かにうっすらと血が滲んでいます。鬼ごっこで，転倒して膝を打ったようです。

　「血も出ていないし，大したことはない！水で洗っていれば，大丈夫」と安心させようとするのですが，「でも，痛い。薬をつけて」と甘えてきます。結局，一緒に保健室に行くことにします。

　子どもは，歩きながら足を引きずっています。先ほどは駆けてきたのですが，今はしっかりと怪我人になっています。

2 心配してもらえるから平気でいられる

　子どもが「怪我をした」と訴えてきたら，前述のような対応が一般的でしょう。

しかし，子どもは本当に保健室に行きたかったのでしょうか。いいえ，違います。怪我をしたことを先生に心配してもらいたかったのです。「痛み」をわかってもらいたかったのです。子どもは先生に甘えたかったのです。
　そこで，私の場合，子どもの甘え心を受け入れた対応をします。まずは辛い気持ちに共感します。「そう，転んだの。痛かったよね」，「痛いのを我慢して先生の所に来てくれたんだよね」。すっかりしょげていたのですが，共感するたび甘えた声で応えます。少し安心したようです。
　そうした後で今度は，めげない心を引き出します。「君は強い子だね。先生なら泣いているな」，「先生，僕は強い子？強い子なの」。目がパッと輝きます。半泣きなのですが，急に胸を張ります。
　こうして最後は，前向きに考えられるように仕向けます。「そう，君は強い子だよ。ところで，少し血が滲んでいるから保健室に行って消毒をしようか？傷口からバイ菌が入ると大変だから」，「先生，大丈夫。血も出ていないし，水で洗えば大丈夫」。子どもは先生に甘えることで，自分の辛い気持ちを受け入れてもらえて満足しています。そうすると今度はたくましい心がわいてきます。
　「でも，念のために保健室へ行こうよ」と手を差し出すと，手を振って，「大丈夫だってば！先生は心配性なんだから」と言い残して，遊びの輪に戻っていきました。
　ただし，先生が保健室で治療した方がいいと判断した時は，この限りではありません。

子どもの思い

怪我よりも心が痛いんだよ。わかって，先生。

子どもの思いを受け止めた先生の対応

怪我の痛さに共感することで，子どもの安心感を引き出します。

5 あてにされる，頼りにされる状態をつくる

 学び合う雰囲気が無いクラスでは，
自分の課題だけを追求します。

 学び合う雰囲気があるクラスでは，
友だちに教えることを楽しみにしています。

1 自分のことだけを考える雰囲気

　算数の時間に計算ドリルが終わりました。次のページに進んでもいいのですが，明日の授業内容なのでそうするわけにはいきません。
　そこで，先生は「じゃあ，2回目に挑戦しようか」と声をかけてみますが，喜んで取り組む子どもは少数です。大半の子どもは，「2回目～」，「また同じ所をやるの～」とやりたくなさそうです。
　そこで，「じゃあ，読書でもいいよ」と妥協します。子どもは読書の方が「やらされている感」が無いので，「わかりました」と受け入れます。
　一見，落ち落ち着いていて，学習する雰囲気のあるクラスのように見えますが，子ども同士の関わりは希薄です。自分のことだけをやっていれば認められるような雰囲気を先生がつくっているからです。

2 「ヘルプ」してもいいですか？

　計算ドリルが終わった子どもは，先生から「がんばりカード」にシールを貼ってもらい，自分の課題は終了です。ドリル・タイムはまだ残っていますが，早く終わったので，次の課題に取り組もうとします。
　そんな子どもに，先生から「わからない友だちに教えてくれるかな？『ヘ

ルプ』してくれると嬉しいな」と頼んでみます。「ミニ・先生」を頼まれた子どもは嬉しそうに微笑みます。できるようになったことで，ちょうど誰かに教えたい気分になっていたので，快く先生の依頼を引き受け，「『ヘルプ』いりませんか〜」と友だちの元に戻っていきます。こうして，「できる」ことであてにされ，頼りにされるようになります。

「ミニ・先生」に教わった友だちは感謝し，今度は自分が「『ミニ・先生』しま〜す」と教える番に回っていきます。

人は何かをしてもらうと嬉しくなり，相手に好感を持つようになります。しかも，その結果が吉と出れば嬉しさが増し，好感が尊敬に変わります。

また，嬉しさは相手への感謝と変わります。してくれた相手を大切な仲間だと見なします。

さらに，他人から何らかの施しを受けると，お返しをしなければという感情を抱きます。してもらったことで今度は自分が同じことをして返そうとするのです。

「ミニ・先生」が増えれば，マンツーマンで教えてもらえるので，わからない子どもが教わることを待たなくて済みます。

その結果，頼りにされるという矜持を数多くの子どもが味わうことができます。人に尽くす喜びに目覚め，人に助けてもらうことで人のありがたさを感じられるようになります。

子どもの思い

課題が終わったら自由にしたいなあ。

子どもの思いを受け止めた先生の対応

友だちに頼られることで，教え合い，学び合いが楽しいという雰囲気をつくります。

6 クラスに少しでも居場所がある状態をつくる

 トラブルが絶えないクラスでは，
ひとりぼっちで居る友だちの存在が気になりません。

 互いに声をかけ合うクラスでは，
ひとりぼっちにならないように普段から意識しています。

1 「好きな人同士」からひとりぼっちが生まれる

　裏庭で理科の植物観察をすることにしました。「二人組になって観察してください」と告げると，子どもたちは「好きな人同士でもいいですか」，「自由ですか」と聞いてきます。先生は，「いいよ」と回答します。
　二人組ができた子どもは着席するのですが，一人だけぽつんと立っている子どもがいます。その子どもは最初こそ二人組をつくるために組んでもらえそうな友だちを探していたのですが，徐々に残った子どもが少なくなると，二人組をつくることを諦めてしまいます。誰も二人組をつくってくれない。誰も自分を求めてくれない。ひとりぼっちでいても誰も気にしてくれない。不安が疎外感に変わります。このクラスには自分の居場所が無いという淋しい気持ちになっていきます。
　一方，二人組になった子どもは自分が希望する友だちと一緒になれたので，嬉しそうです。残念ながら，ひとりぼっちになっている友だちを思いやる気配はありません。
　子どもの希望どおりに「自由」「好きな人同士」を認めると，ひとりぼっちの子どもが出るのは自明です。子どもの希望を受け入れたことが，居場所が無い子どもをつくることになってしまったのです。

2　条件つきの自由が子どもの居場所を保障する

では，先生はどうすればよかったのでしょうか。

まずは「自由」がもたらす結果を，子どもにたちに考えさせます。「ひとりぼっちの人がいたら，仲間に入れる」という意見が出てきます。ただし，自分たちの二人組を解消して，仲間に入れるということではなく，三人組になるということのようです。

でも，それでは仲間にしてもらったという負い目が残ります。取り残された自分を救済してもらった同情だと感じます。三人組になるという方法は，自分は「『残り者』だ」という居場所の無さを感じるだけなのだということを伝えます。

その後で，「『選ばない』決め方がそんな思いをさせなくて済む」ということを子どもたちに知らせます。ただ，そうはいっても，少しは自分たちの思いを汲んで欲しいというのが子ども心です。

そこでまず，先生は「隣の人と二人一組になってもらいます」と指示します。「え〜」「男子と！」「女子？」という不満そうな声が聞かれます。その後で，「同じ班の人なら誰でもいいですよ」と条件を緩めます。子どもたちは大喜びです。

先生はまず理念を伝え，次にその具現化を期待します。例えば，みんな仲良くしよう。そのためには理科の観察は好きな人同士ではなく，同じ班の人としよう，という具合です。

子どもの思い

みんなが仲良くしなければならないことはわかっているけど，何をしていいのかがわからない。

子どもの思いを受け止めた先生の対応

最善の方法を選択させるために，子どもの活動に条件をつけます。

7 拙さの中にも成長に目を向ける

 がんばる姿を見せる子どもが少ないクラスでは，友だちの失敗を嘲笑します。

 失敗しても挑戦し続ける子どもが多いクラスでは，自分の失敗を笑い飛ばせる雰囲気があります。

1 失敗したらすぐに泣く子への対応

　音読をしている時，漢字を読み間違えたAさん。Aさんはそんな認識が無いので，読み進めようとしたのですが，友だちの「違うよ」という指摘を聞いて音読をストップします。

　友だちは正しい読み方を教えたまでです。Aさんのことを思ってそうしたのですが，Aさんは下を向き，泣き出してしまいます。周りの友だちは「また泣いている」，「何でその程度のことで泣くの？」，「すぐに泣くんだから」とうんざりした表情です。

　先生は「人の間違い・失敗を責めたら，だめだよ。そんなことをしたら，自信を無くして，音読が嫌いになってしまうよ」と指摘した友だちに言います。

　しかし，子どもたちは，「間違ったのは事実じゃないか」，「練習をしていなから読めないんだよ」，「泣けば許してもらえると思っているんだから」と読み間違えた友だちへの非難を強めます。先生の指導は子どもたちの心に響かなかったどころか，Aさんの立場を悪くしてしまいました。

2 拙さの中にも成長していることに目を向ける

　業間休み，Aさんの教科書の漢字にルビをふってやります。こうすれば，

読めない漢字がなくなります。そして，一緒に教科書を読む練習をしました。少しずつではありますが，読むスピードも速くなっていき，その姿を褒めてあげます。

　その姿を友だちも見ています。いつの間にか，Ａさんと先生の周りに友だちが集まり，一文読み終わると，「すごい」「読みが速くなったね」と成長を認めます。

　翌日，Ａさんの教科書を見ると，ルビを振っているページが増えています。Ａさんが自分で振ったのかと思ったのですが，実は，友だちのＢさんがやってくれたのだそうです。昼休みに，「この漢字はわかる？」とＢさんがＡさんに聞きながら，読めない漢字にだけルビを振っていたのです。

　Ｂさんにお礼を言うと，「先生の真似をしただけだよ」と当たり前のように言います。

　先生が成長を支援する様子を見せることで，それを真似する子どもが表れます。努力しているＡさんの姿とそれを応援するＢさんの優しさをクラスの子どもは知ることになります。

　この後もＡさんの音読は相変わらず拙いのですが，「違うよ」と間違いを指摘する言葉ではなく，「惜しい」「○○って読むんだ」という励ましとアドバイスに変わります。

　そんな友だちの言葉を聞いて，Ａさんは，今度は泣くのではなく，「ウン」とうなずき友だちのアドバイスを受け入れ，音読するようになりました。

子どもの思い

失敗したら笑われるから恥ずかしい。

子どもの思いを受け止めた先生の対応

失敗の中にも成長を見つけ，励まし続けます。

8 きちんとやっている子を認めてあげる

 荒れているクラスの先生は，荒れの原因をつくっている子どもに目が行きがちです。

 落ち着いているクラスの先生は，きちんとやっている子どもに光を当てようとします。

1 子どもからの感謝の手紙

　荒れていた5年生のクラスを担任し終えた修了式の日，Kさんから手紙をもらいました。

　　3学期の3ヶ月間，ありがとうございました。
　私はリレーをして短距離を走るスピードが上がったと思います。カルタではことわざをいっぱい覚え，もうすでに役にたっています。作文をやって書くことがものすごく速くなりました。これはすべて城ヶ﨑先生のおかげです。ありがとうございました。来年も担任になってくれたら，よろしくお願いします。
　　当たり前のことを「当たり前」というように見逃すのではなく，当たり前のことをやっているだけなのに「えらい！」と言われるのはとても気持ちの良いことでした。叱られる時もちゃんと時と場所を考えてくれたので，恥ずかしい思いをせずにすみました。
　　3学期になって学校生活が特に楽しくなりました。3学期になってから色々なことを学んだと思います。本当にどうもありがとうございました。

2　きちんとやっている子どもに光をあてる

　Kさんのクラスは5年生の5月ごろから荒れの兆候が現れ，10月からは私が4教科を授業し，3学期からは担任となりました。

　彼らが6年生に進級すると，4月から私が担任をすることになりました。保護者の方から「やっと落ち着いてきたクラスなので，このまま城ヶ﨑先生に担任をして欲しい」という要望が校長のもとにあったそうです。

　どうやってクラスを落ち着けたのか。それは，クラスの中できちんとやっている子どもを認めるようにしたからです。

　荒れたクラスを目の前にすると，その原因となっている子どもに目が行きがちです。先生は彼らの問題行動を改善すれば，クラスが落ち着くと信じています。その分，がんばっている子どもたちへの注目度が低くなります。

　しかし，荒れているクラスは全員が荒れているわけではありません。その状態を憂慮し，普通のクラスに戻したい，安心空間で日々の学校生活を送りたい，楽しく過ごしたいと願っている子どもの方が多いのです。

　荒れている子どもは，先生に反発します。彼らとぶつかるほど先生は疲弊し，ますますがんばっている子どもの存在を忘れてしまいます。

　そうではなく，Kさんのようにがんばっている子どもに目を向けます。がんばっている子どもが陽の目を見られるようにするのです。そうすると，くすんでいたクラスの負の部分ではなく，がんばっている子どもたちの正の部分が輝いてきます。そして，その光はやがて負の光を凌駕していきます。

子どもの思い

やんちゃな子どもよりも，ちゃんとやっている子どもを相手にして欲しい。

子どもの思いを受け止めた先生の対応

当たり前のことを当たり前にやっていることを評価します。

「……しても許される」という状況をつくらない

規範意識が低いクラスでは，
先生の目が届かない所では好き勝手にしています。

規範意識が高いクラスでは，
先生が居ても居なくても行動を変えることはありません。

1 先生が居ないと羽目を外すクラス

　4時間目が終わると，給食当番は手を洗い，割烹着に着替えます。それ以外の子どもは手洗いに行きます。先生は給食当番の手伝いです。
　給食当番と先生が配膳をしていると，廊下で笑い声や話し声がします。給食当番以外の子どもが，他のクラスの子どもと談笑しているのです。
　配膳はスムーズにできたものの，ところどころに空席があります。手洗いからまだ戻ってこない子どもがいるのです。
　廊下で笑い声がするのはそのためです。注意をするために廊下に出ると，追いかけっこをしながら叩き合いをしています。
　子どもたちは，「先生は配膳に集中しているので，廊下のことまでは気が回らない」とタカを括っています。先生の目が届かない所なら何をしても許されると子どもたちは思っています。

2 子どもの「心」に先生の存在を示す

　子どもたちが，先生の目が届かないから羽目を外し，何をしても許されると思っているのであれば，まず先生の目が届くようにします。
　といっても，現実的に先生の目がいつでもどこでも届くわけではないので，

子どもの「心」に届くようにするのです。

先ほどの給食の例ならば,まずは予告します。

4時間目の授業が終わると挨拶をしますが,その際に,「トイレ・手洗いが終わったら,速やかに教室に戻ってきましょう。そのためには,黙って行動しましょう」と趣意説明をします。

さらに,「黙って行動するには,一人で行動することです。そうすれば,友だちと話をすることもないですね」と付け加えます。

行動する直前に言われたことは,頭の中に残ります。しかも,短いフレーズはなおさら頭に焼きつきます。

「一人で行動」と復唱するたびに,先生の顔も浮かんできます。廊下で雑談をしていると,先生の顔が浮かび,教室に戻らなければという気になります。先生の顔が抑止力となるのです。

それでも,手洗いから戻ってこない子どもがいます。こんな時は,班の力を借ります。

全員が揃った班は黒板に「OK」というカードを貼ります。一人でも揃わなければカードを貼れないので,まだ席に着いていない友だちがいると気になり,探しに行きます。廊下でしゃべっているところを見つけると,「ねえ,何でしゃべってるの。席に着いてよ。みんな揃っているんだから」と迎えに行きます。

カードを貼ったからといって,「お代わり優先」などの特典があるわけではありませんが,班の結束力を高めることになります。

子どもの思い

先生が見ていないから,ばれないや。

子どもの思いを受け止めた先生の対応

子どもの印象に残るフレーズを使って,先生の存在感を示します。

10 「ひいきしている」と思われない状態をつくる

愚痴や不満が多く聞かれるクラスでは
「先生はひいきをしている」と斜に構えます。

「たまたま」,「偶然」を認識しているクラスでは
先生は平等に接してくれると信頼します。

1 無意識だから誤解される

　先生はそんな気が無くても「ひいきをしている」と子どもたちが感じることがあります。

　例えば,先生の近くに居た子どもに隣のクラスへプリントを届けてくれるように頼みます。頼まれた子どもは嬉しそうに教室を出てきます。しばらくすると,子どもが教室に戻って来ます。「『先生のお手伝いができて偉いね』って褒められた」とニコニコしながら報告をします。先生は子どもに「ありがとう」とお礼を言います。微笑ましい光景です。

　先生のそばに居る子どもは先生のお気に入りの子どもであったりします。自分の近くに居る子どもには,つい用事を頼んでしまいます。快く引き受けてくれるので,先生は「良い子だな」とかわいく思えます。人はかわいいからかわいがるのではありません。かわいがるからかわいく思えるのです。

　子どもは先生のお手伝いをすることが好きです。お手伝いを頼まれることで,自己肯定感を高められます。嬉しい気持ちになれるので,先生のそばに居ることを望みます。

　ところが,それを快く思っていない子どもたちがいます。「先生は,いつもあの子ばかりにお手伝いを頼む」「勉強ができるからだよね」「言うことを

聞く子だけを先生は大事にするよね」と先生への不満を口にしている集団があります。実は，先生のそばに来ない子どもも先生のそばに行きたいのです。しかし，「先客」がいるのでそれを叶えることができず，寂しい思いをしているのです。

2 選択した理由を必然性のあるものにする

　私のクラスには，男女一名ずつ二人の日直がいます。また，八つの班には日替わりの班長がいます。頼み事は彼らに頼みます。

　頼む時は，「日直のA君，Bさん……」，「班長……」を枕詞にします。こうすると，先生が誰に物事を頼んでいるのかを子どもたちが知ることになります。「日直」，「班長」という枕詞が子どもたちに印象付けられます。こうして，先生は平等に頼み事をしていると子どもたちは認識します。

　例えば，隣のクラスへ手紙を頼む時は日直に声をかけます。手紙を届けるだけですから，一人でも間に合うのですが，敢えて二人に声をかけます。二人のうち，一人を選ぶと先生の意志が反映されることになります。二人に声をかけているので，「ひいきしている」と子どもは誤解しません。

　そばに日直が一人だけなら，「日直は二人だよなあ。本当は二人に頼みたいけど，一人で行ってくれる？」と声に出し，先生は二人に頼みたいことを強調します。こうすると，近くにいた子どもたちは，一人だけに頼んだことを理解し，先生がひいきをしているとは思いません。

　こうして，先生が平等を心がけていることを強調することは大事です。

子どもの思い

先生はお気に入りの子どもだけに用事を頼む，ひいきしている。

子どもの思いを受け止めた先生の対応

平等を強調することで，ひいきをしていないことを伝えます。

11 「偶然」「たまたま」を受け入れられる環境をつくる

 荒れているクラスの子どもは，決め事を何でも自分の思い通りにできると思っています。

 落ち着いているクラスの子どもは，決め事に関して偶然の決め方を受け入れます。

1 好きな決め方でも満足できない

　修学旅行の部屋決めやバスの座席を決める時，子どもたちは誰と一緒になれるのかを楽しみにしています。できるなら，仲良しの友だちと宿は同じ部屋，バスは隣の座席になりたいと思っています。

　この時，先生が困ることは決め方です。子どもの希望通りにしようとすると部屋の定員をオーバーし，せっかくの仲良し同士が別々の部屋になることがあります。

　また，誰とも組めない子どもも出ます。一人ポツンと取り残された子どもはクラスの中に友だちがいないという自分の立場を知る試練の時です。楽しいはずの宿泊学習を悲しい気持ちで迎えることになります。

　そんな友だちを見て，希望通り仲良し同士になれた子どもたちの中でも気まずそうな顔をする子もいるのですが，受け入れたくても，グループの反応が気になり，手を差し伸べることができません。

　また，自分が仲良しグループから離れ，交代してあげる勇気もありません。

　では，先生が決めれば素直に受け入れるのでしょうか。そうなると，「先生が独断で決めた」と不満そうな顔をする子どもも出てきます。

2 「サイコロが決めたんだよ」

　私は，宿泊学習の部屋割，バスの座席などは教室の座席で決めることにしています。

　そして，その座席決めはサイコロを使います。例えば，出席番号が1番の男子と隣になる女子を決めるとします。20面のサイコロを振り，10の目が出たら，出席番号が10番の女子と隣同士になります。

　この方法だと，隣に座る友だちは席替えのたびに変わります。席替えが終わると，誰と隣同士になったかを児童名簿に記録しておきます。こうすると，次の席替えの時に重複を避けることができます。

　座席が決まると，宿泊での部屋割もそれに準じます。私のクラスは3つの「川」になっています。仮に3部屋に分けるなら，「川」ごとになります。子どもたちは新しい席が決まった瞬間，誰と同じ部屋になるのかと見回します。仲の良い子どもがいると駆け寄り握手をして喜んでいます。

　「決めたのはサイコロです。先生が決めたのではありません」と宣言すると子どもたちは笑っています。

　バスの座席も席替えの座席と同じ子どもが隣に座ります。この方法だと，子どもたちも「仕方がない」と割り切れます。「決めたのは……」と言うと，「サイコロ」と子どもたちは声を合わせます。

子どもの思い

先生が決めると，先生のお気に入りの子どもが有利になると子どもは誤解します。

子どもの思いを受け止めた先生の対応

子どもたちが偶然を受け入れる環境をつくっていくことで，仕方がない，それでもいいかと鷹揚な気持ちになれるような雰囲気をつくります。

12 友だちの「良さを見つける目」を育てる

> ✕ 重い雰囲気のクラスでは，自己効力感や自尊心が低いので，友だちとの関わりが少なくなります。

> ◯ 明るい雰囲気のクラスでは，日々の学校生活に満足しているので，友だちの良さが目に飛び込んできます。

1　気づきスイッチがOFFだと良さを見つけられない

　帰りの会のプログラムには，友だちのその日にがんばったことなどを紹介する「友だちの良かったこと」という取り組みがあります。

　しかし，日直が発言を促すと，挙手する子どもはまばらです。さらに，決まった子どもが褒められ，その内容も同じです。

　友だちの良さを見つけるとは，友だちの新たな一面に気づくことです。

　ということは，子どもたちは友だちに関心が無いのでしょうか。そうではありません。気づくスイッチが「OFF」になっているだけなのです。それを「ON」に変えてあげればいいのです。

2　まずは自分の良さに気づこう

　では，どうすれば，「ON」になるのでしょうか。それにはまず自分の良さに気づくことです。

　自分の良さを自覚できなければ，友だちの良さを見つけることはできません。自分が幸せだから，人の優しさに気づくのです。

　例えば，自分が元気ならば，家族が病気になった時に看病できます。体調がすぐれない時に看病はできません。

習字の時間，半紙を忘れた友だちに自分の半紙を貸している子どもがいます。どうして貸せるのでしょうか。それは自分が半紙を持ってきているからです。

　自分が満たされているから友だちを思いやることができます。自分がきちんとしているという自覚があるから，友どもたちのことを心配する余裕が生まれるのです。

　人に優しくできるということは，自分の「幸せのコップ」からあふれた「幸せの水」を友だちに分けてあげることです。人は自分が幸せでないと人に優しくなれません。他人への優しさは自分の幸せのおすそ分けなのです。

　そこで，まずは自分の良さを見つけることから始めます。帰りの会の時に，がんばったこと，成功したこと，努力したことなど自分の良さを連絡帳に書きます。

　子どもたちは連絡帳に先生の押印をもらってから下校します。その際，「できるようになったんだ。続けてきてよかったね」，「君の応援が友だちの成功につながったんだね」と握手して下校を見送ります。

　帰宅すると，保護者が連絡帳を見るので，夕食での話題になります。「どうしたの？」「それでどうなったの？」と質問してくれるので嬉しかった場面が蘇ります。保護者から褒められ，子どもは幸せ気分です。

　学校では先生に，家庭では保護者に褒められ，子どもは自尊心を大いに満たされます。

　それが，「他の人の良さを見つける目」を育てることにもつながります。

子どもの思い

友だちの良さに気づけない。見えてこないんだよなあ。

子どもの思いを受け止めた先生の対応

まずは自分の良さを知り，自覚させます。それをベースに友だちの良さに気づかせます。

13 質問力を高めることで，人の話を「聞く力」をつける

 荒れているクラスでは，人の話を聞く環境が整っていないので，限られた子どもだけが質問します。

 まとまりのあるクラスでは，スピーチの「不足」に気づくので，質問をしてそれを補いたいと思う子どもが多数を占めます。

1 「みんな」だから聞く気がなくなる

　朝の会で日直が30秒スピーチを行います。それが終わると，質問を受け付けますが，挙手する子どもはまばらです。しかも，同じ子どもです。

　どうして，質問をしないのでしょうか。それは，意欲の問題です。当事者意識を持っていない，他人事だと思って聞いているのです。

　なぜ，そうなるのでしょうか。それは，多人数だからです。一人のスピーチをクラス全員で聞いている状況では，「自分一人だけが聞いていなくても，誰もそれに気づかないだろう」という気持ちになります。

　また，多人数になるとスピーチをする人との距離感を感じてしまいます。例えば，一人で聞いていると，一対一，1／1です。互いに目を合わせ，自分だけに向けてスピーチをするので，真剣に聞かざるを得ません。真剣さゆえに，聞くだけでスピーチの内容が頭に入ります。そうすると，スピーチの「不足」に身体が反応して，質問したいという欲求が生じます。

　一方，40人では1／40です。スピーチをする人の意識は自分だけでなく，大勢に向けられます。人は注視されると，それに応えようとしますが，そうでなければ気を抜きます。気を抜けば，話を聞き飛ばし，「不足」に気づいても，「自分が聞いていなかったからだろう」と思うので，質問を躊躇して

しまいます。

2 プチ・ハッピー・タイム

　そこで，少人数でスピーチをしてみます。そして，「最近の出来事で嬉しかったこと・楽しかったこと」というテーマにします。私はこれを「プチ・ハッピー・タイム」とよんでいます。幸せのおすそ分けの時間です。

　机を班にして，一人が1分間スピーチをします。他の子どもは聞き役に徹します。

　スピーチが終わると，1分間の質問タイムです。これを繰り返します。

　班の全員のスピーチが終わると，シェアー（ふりかえり）の時間です。班長が，

①プチ・ハッピーを話してどうでしたか？
②プチ・ハッピーを聞いてどうでしたか？
③質問を受けてどうでしたか？
④質問をしてどうでしたか？

の4つを班員に聞きます。

　少人数のため，互いの距離が近いので身を乗り出して話を聞こうとします。その結果，スピーチの「不足」が頭に残り，それを解消するために質問を始めます。また，少人数なので，自ずと質問をするという前提でスピーチを聞こうとします。聞く気になるのです。

　何よりも，子どもたちの笑顔が素晴らしくなっていきます。

子どもの思い

集団になると，「自分一人だけなら」と気がゆるむ。

子どもの思いを受け止めた先生の対応

少人数にすることで，話をしなければならない状況をつくります。

14 「ありがとう」という言葉の効果

 荒れているクラスは，当たり前のことができないので，日常の何気ない行為に感動・感謝することが少ないです。

 落ち着いているクラスは，当たり前の素晴らしさを知っているので，「ありがとう」という言葉が教室に溢れています。

1 当たり前の反対は「ありがとう」

「当たり前の反対は何ですか？」と子どもたちに聞くと，「難しいこと」「できないこと」という答えが返ってきます。

「当たり前とは有ることが常であるという意味です。ですから，当たり前の反対は『有ることが無い・有ることが難しい』ということです。『有ることが難し』，つまり，『有り難う』です」

子どもたちは初めて聞いたというような顔をして聞いています。

「有ること」，当たり前を維持するということは難しいものです。子どもたちはそれを意識することなく過ごしています。

そこで，「日常の当たり前探し」をします。

登校時間を守る・給食を残さない・授業時間になったら着席する・友だちと喧嘩をしない，等々，多くの「当たり前」が板書されます。

「これらの当たり前がいくつできているかな？指を折って数えてごらん」と指示します。自分が見つけた「当たり前」はカウントできるのですが，それ以外は躊躇しているようです。自分の常識は世間の常識とならないことに気づきます。

10個以上見つけられた子どもを起立させ，発表させると，これが不思議な

ことに同じ「当たり前」を挙げます。

　当たり前のことができたら,「有り難い」と心に念じ,当たり前のことをしてもらったら「ありがとう」を口に出すように指導します。気持ちは言葉にした瞬間に伝わるものです。言葉にしなければ気持ちは伝わりません。子どもに対して,以心伝心は無理です。

2　「当たり前」を友だちに見てもらう

　こうして,子どもたちは「当たり前」を意識できたのですが,「当たり前」だけに自分がきちんとしているという自覚がありません。そこで,友だちの力を借ります。

　当たり前のことができている友だちがいたら,「いいね!」「できているよ」と合図をしてあげます。「ありがとう」とお礼の言葉が自然に出てきます。

　「ありがとう」という言葉の中には,「これからも○○という当たり前をやり続けよう」「きちんとできている自分は偉いなあ」という自分を褒める気持ちが含まれています。

　もちろん,友だちへの感謝の気持ちも含まれています。

子どもの思い

当たり前のことができるのは当たり前なのだから,「ありがとう」というほどたいしたことではない。

子どもの思いを受け止めた先生の対応

「何が『ありがとう』なの?」と聞き,当たり前のことが日常化されていることを知らせます。

15 学年による, 安心感の「基準」の変化

トラブルが尾を引くクラスの先生は,
子どものことよりも自分の仕事を優先します。

トラブルがしこりなく解決するクラスの先生は,
子どもの「今」を大事にします。

1 低学年には「甘えない」, 高学年には「責任感」を求める?

　低学年の子どもは先生を見かけると, 「先生, あのね」と人懐っこい笑顔で話しかけてきます。大人にとって些細な内容でも, 子どもにとっては世界で一番大切な出来事なのです。そんな出来事と遭遇した喜びを伝えたいのです。自分も嬉しいのですが, 先生にも喜んで欲しいのです。幸せのおすそ分けです。

　それなのに, 先生から, 「また後でね」と後回しにされると, がっかりしてしまいます。しばらくすると, 先生に時間ができたので約束どおりに, 「さっきの話は何?」と聞いても「もういいの」と去っていきます。子どもは待てません。子どもにとって, その出来事の旬は「今」なのです。

　それだけではありません。「先生は僕の話を聞いてくれない」と諦めてしまい, 「先生, あのね」と話しかけることがなくなります。

　低学年の子どもにとっての甘えは, 安心づくりの基盤です。

　一方, 高学年の児童に対して, 先生は責任感を求めます。特に6年生には「最高学年の自覚を持って」を枕詞にして鼓舞します。失敗した時は, 「最高学年なのに」と叱咤します。

　しかし, 子どもたちにとって, 「最高学年」という言葉は励みではなく負

担になります。

2 低学年は「話を聞く」，高学年は「行動を認める」

　では，どうすれば子どもに安心感を持たせることができるのでしょうか。

　低学年の子どもは，まず話を聞くことです。低学年の子どもは「今」が全てです。さっき泣いたかと思ったら，今は笑っています。「今」を聞いてあげることで，過去の辛さを忘れていきます。「今」の積み重ねが安心感の基盤になります。

　それに対して，高学年の場合は行動を認めます。先生が両手に荷物を抱えて教室に入ってくると，さり気なくドアを開けてくれる子どもがいます。先生は，「ありがとう。助かったよ。気が利くね」とお礼を言います。行動に感謝し，それが他者にとってどれだけ貢献しているのかを伝えます。

　当たり前のように振る舞ってきたことを認めてもらうことで，子どもの自尊心が高まります。安心感という基盤を広く・深くします。高学年の子どもは利他心を満たすことで矜持を持てるようになります。

　安心感を基盤に行動することで失敗を恐れなくなくなります。仮に失敗しても挫けることなく，再度挑戦しようとします。こうして得た成功は自信から確信に変わり，自分の行動に対して責任を持つようになります。

子どもの思い

[低学年] 今，相手をして欲しい。
[高学年] そんなに期待しないで。

子どもの思いを受け止めた先生の対応

[低学年] 「なあ〜に」と耳を傾けます。
[高学年] 「いいね」「いいよ」と背中を押します。

16 子どもの様子を把握する「3分間面談」

落ち着かないクラスの先生は，問題行動が起こってから，アンケートを取り，事後対応に慌ただしい日々を過ごすことになります。

落ち着きのあるクラスの先生は，簡単な面談を通して，子どもの楽しさに焦点をあてた指導をすることができます。

1 事が起こってからでは遅い

　重大な問題行動が起こると，その対応に大変な労力を注ぐことになります。休み時間は，子どもからの聞き取りを行います。放課後は，それらを整理し，生徒指導や学年の教師などの関係者と情報を整理し，今後の対応を検討します。最後は管理職へ報告し，指導を受けます。場合によってはこのあと家庭訪問をすることもあります。
　もちろん，先生の仕事はこれだけではありません。明日の教材研究もあります。クラスの他の子どものことも考えなければなりません。
　先生の心は疲弊し，ストレスが溜まっていきます。

2 一日二人の「3分間面談」

　子どもの「今」を知るには，直接話をすることです。二人きりの時間を持ちます。こうすることで，子どもは先生に話を聞いてもらったと満足できます。それはたとえ，ごく短い時間でも効果があります。
　実施に適した時間は，高学年なら配膳中，低・中学年なら朝自習です。休み時間に行うと，子どもの楽しみ時間を奪うことになります。それに，面談自体は先生側の都合です。子どもが望んだものではありません。

```
┌─────────────────────────────────────────────────────────┐
│              3　分　間　面　談                          │
│           月　日（　）名前_____　__回目              │
│                                                         │
│  1  今、楽しみなことは何ですか？                        │
│  2  このあと、楽しみにしていることは何ですか？          │
│  3  学校でだれと遊んでいる時が楽しいですか？            │
│    ・どんな遊びをしているのですか？                     │
│    ・その時のあなたの役わりは何ですか？                 │
│  4  あなたやお友だちが困っていること、なやんでいること、いやだなと思っ │
│     ていることがありますか？　　→　　ある・ない         │
└─────────────────────────────────────────────────────────┘
```

　私の場合は，日直と面談をすることにしています。毎日続けるには，二人がちょうどいい人数です。面談の漏れや重複を防ぐため，面談が終わると児童名簿に「済」のサインをします。

　面談をすると，子どもたちは一様に「困っていること，なやんでいること，いやだなあと思っていること」は無いと答えます。おそらく，面談の質問内容が楽しさを思い起こさせ，幸せな気分になり，辛いことを忘れさせてしまうのでしょう。

　私にとっては面談なのですが，子どもたちは「インタビュー」と呼んでいます。きっと，ヒーローインタビューを受けているような気分なのかもしれません。

子どもの思い

先生が話しかける時は，良いことよりも悪いことの方が多いなあ。

子どもの思いを受け止めた先生の対応

定期的に簡単な面談を行い，子どもに，「次の面談ではどんな楽しいことを話そうかな」と期待させる質問をしていきます。

17 子どもとの教育相談で聞く2つのこと

 先生が素直さを求めるクラスの子どもは，正直さよりも自分を守ろうとします。

 先生が無理をさせないクラスの子どもは，自分の気持ちを吐き出し，友だちと良い関係をつくろうとします。

1 正攻法の面談では子どもが構えてしまう

　子どもは，「先生と面談をする」と思うと，緊張するものです。先生が，「どうだい？」と聞いてくると，何をどう答えていいのかがわかりません。
　さらに，「最近の授業では……」と勉強のことを話題にされたら，ますます身構えてしまいます。結局，先生は子どもの本音や悩みを聞くことなく，面談を終えてしまいます。

2 安心・活力を重視した面談

　子どもとの面談は何のためにするのでしょう。それは，明日の登校を楽しくするためです。それには二つのことを自覚させます。
　①今日のがんばりを明日の活力とする。
　②今日の不安を払拭し，明日への安心の源にする。
　ある時，鉄棒の逆上がりの練習をして手のひらにまめができた子どもがいました。子どもは手の皮がむけて「怪我をした」という認識です。そこで，先生は，まめが名誉の負傷であることを伝えます。
・練習をしたからまめができた。努力の証である。
・まめができてもテーピングをして練習を続けている。痛みに耐えている。

・まめはやがてたこに変わり、皮膚がたくましくなる。心もたくましくなる。
・まめができるというのはゴールが近いということである。

　自分のがんばりを認められ、課題のゴールが近づいていることを知らされた子どもは、明日からの練習への意欲が増します。

　一方、困っている場合の面談方法です。友だちと喧嘩をして今もって仲直りができていないことを打ち明けられたら、まず、喧嘩になった原因を聞きます。こうした場合、たいてい、自分の非は棚に上げ、相手の悪さを指摘します。そして、自分の辛さを訴えます。

　ここで、先生は反論することなく、「なるほど、君の気持ちはよくわかる」としっかりとそれを受け止め、子どもの気持ちに理解を示します。すると、不思議なもので、「でも、僕にも少しは悪いところがあって……」と自分の非を認め、相手のことを考えられるようになります。

　その瞬間を見逃さずに、「自分の悪さを認められるんだ。すごいね。大人だね。素晴らしい」と褒めます。

　このようにして面談を進めると「どうしたら仲良くなれるだろうか」という前向きな考え方に変わってきます。

　「仲直りするコツは、先に『ごめんね』って謝ることだよ。相手もきっとそう思っているから、それを受け入れてくれるよ。先に謝ってもらうと、相手は感謝すると思うよ。『謝る』の『謝』は『感謝』の『謝』だからね」

　先生のアドバイスに勇気づけられ、明日の不安が軽くなった子どもは、次回の面談も楽しみにします。

子どもの思い

面談は、「怒られるのかな、早く終わらないかな」と気乗りがしない。

子どもの思いを受け止めた先生の対応

面談が終わったら自信とやる気が出るような面談の内容にします。

上手だから，失敗（転倒）する

　体育のハードルで，子どもたちの越し方を見ていると，二つに分けられます。

　一つは，ハードルをポーンとジャンプする越し方です。ジャンプしている子どもは駆け足程度のスピードで走っています。ハードルの位置に合わせてインターバルを走っているので，ハードルに足を引っ掛けることはありません。安全運転ですから，転倒しません。仮に足を引っ掛けてもスピードが出ていないので，転倒することはありません。ただ，ジャンプする子どもは自分の可能性がわからないので，自分の限界がわかりません。

　もう一つは，ハードルをギリギリで越す方法です。ハードルは障害走ともいいます。障害を最小の力で越えつつ，最大のタイムを出すことが重要です。そこで，フラット走のように走り抜けるのですが，足を引っ掛けてしまいます。目標が高いぶん，転倒する可能性も大きくなります。ただし，本気で走ることで，自分の可能性を知ることができます。

　ハードルを越すことによって，もう少しギリギリを越せるのではと目標を少し高めに設定したり，今の自分の実力では越せないという現実を直視したりすることができます。

　少し高めに設定するということは，未知への挑戦です。未知ですから成功するかどうかわかりません。ですから，転ぶことは想定内です。

　こうした失敗を子どもたちが糧にしていけると，自分の失敗を自分で笑い飛ばせるポジティブな思考となります。

第4章

「安心感」を生む子ども対応のポイント

　子どもの問題行動に接すると先生は改めさせようとします。それは，「良くない」と思っているからです。改めさせて正しい行動を身につけて欲しいという願いがあるから，叱るのです。

　しかし，叱っても改善されません。実は，問題行動について一番困っているのは子ども自身なのです。「困った子」は「困っている子」でもあるのです。困っていることを叱られてもますます困るだけなのです。

　先生は子どもの問題行動に接したら，「今は仕方がない」とそれをいったん受け入れます。そうすることで，構えがソフトになります。すると，子どもは「先生は味方だ」と安心できるので，徐々に心を開くようになっていきます。

1 人の話を聞こうとしない子への対応

> ✗ 会話は伝え合うことが大事だと思っている先生は，話を我慢することの大切を教えようとします。

> ○ 満たされたら人の話を聞こうとするようになると知っている先生は，聞いてもらう心地良さを教えようとします。

1 話の輪に割り込み，自分の話題にしてしまう子

「聞いて，聞いて。あのね，日曜日に良い所に行ったんだ」

休み明けの月曜日，友だちの話の輪に割り込んで来るAさん。周りの友だちは「またか！」とうんざりした顔です。

実は，Aさんの「聞いて，聞いて」は今に始まったことではありません。人の話に割り込んだり，話題を独り占めしたりすることがたびたびあるのです。それを知っている友だちは，一人，二人と話の輪から居なくなります。

それでも構わず，Aさんはしゃべり続けます。

2 聞いてもらう喜びを感じさせる

話の輪が解け，誰にも話を聞いてもらえなくなったAさんは，先生の所に来て，その話を続けます。

ひとしきり話をし，自席に戻ろうとするAさんに，「良い話をありがとう。おかげで週末にどこかへでかけてみようという気になったよ」と言葉を返します。短い言葉には3つの意味を込めていました。

①先生は，Aさんが話しかけてくれて嬉しかった。

②会話の時間を持てたことに感謝。

③Aさんの話をきっかけに週末の楽しみを持てた。

翌週，おそらくAさんは「先生，どうだった？」と聞いてくるはずです。その前に自分から話しかけました。Aさんが「聞く」ことになるからです。Aさんが教室に入って来たその時，「ありがとう。あなたとの会話のおかげで週末は○○をして，楽しかったよ。これもAさんの話を聞いたからだよ」とお礼を言います。

Aさんとしては，これまでは自分が話すことで満足感を得ていたのですが，今朝は人の話を聞くことでそれを得ています。「聞くって嬉しい」という経験です。「話を聞いてもらえる」というのは，相手にされている，相手にしてもらっている安心感を学びます。

自分に関心を持ってもらうことで，自分の存在感を高められます。自分って素敵な人なんだ，という自信を持てます。

そして，聞き手の喜びを耳にすることで，「自分は人の役に立っている」という貢献する喜びを感じます。

先生が何度も何度もAさんの話を聞いてあげるたびに，Aさんの「心のコップ」は幸せの水でいっぱいになり，やがて溢れて行きます。そして，自分の心は満たされます。こうなった時に人の話を聞く余裕が生まれます。

さらに，先生のように相手の話題に質問することで，自分の情報を増やし，自分で自分の「心のコップ」に幸せの水を注ぐことができるようになります。

人の話を聞いて，自分の世界を広げることができるので，話を聞く良さを実感できます。

子どもの思い

誰か私の話を聞いて。自分のことを知って欲しい。関心を持って欲しい。

子どもの思いを受け止めた先生の対応

じっくりと聞き，子どもが聞き返して欲しいことを質問します。

2 友だちをすぐ叩く子への対応

 叩くことに注目する先生は、叩いた子どもの指導に目が向きます。

 叩きたくなるには理由があると考える先生は、叩かれた子どもとのやり取りを見せることで自分を振り返る指導へとつなげます。

1 満たされない気持ちを叩くことで訴えている

　友だちに非があるわけではないのに、いきなり叩く子どもがいます。叩かれた子どもも反射的にやり返すので、当然、喧嘩になります。

　友だちをすぐに叩く子どもは承認欲求を求めています。愛情に飢えています。「こっちを向いて」と訴えているのです。本当は良いことで承認されるべきですが、それだとハードルが高いです。叱られるようなことならすぐできます。どんな方法でもいいから友だちや先生に振り向いて欲しいのです。

　「愛情不足の返報」が友だちを叩く行為だと、本人は気づいていません。親も先生も叩かれる友だちも同様です。ですから、「叩く」という悪い行為にだけ注目してしまうのです。実は、「叩く」ことで自分の愛情不足を満たしているのです。

2 叩いたという自覚をさせる事前の指導

　予想ができないために、先生は対応に苦慮します。いつ叩いてトラブルを起こすのだろうかと、冷や冷やしていると、友だちを叩く子どもの「愛情不足」というスイッチは突然入ります。

　これが先生のストレスとなり、子どもが叩いた時は、「またやってくれた

のか」という怒りになります。先生も無意識に「この子は叩く子」という目で見ているので、トラブルが起こった時から叱りモードになっています。

　しかし、見方を変えれば、スイッチを入れることができるということは、それを自分で解除することもできるということです。そこで、先生は子どもが安定している時に、「いいね」と声をかけてみます。

　低学年なら、「今の君の手は勉強のために使っているんだね。良い手だね」といいながら、手の甲をポンと触れます。言葉だけでなくスキンシップをされることで、「手は良いことに使う」ということが記憶されます。

　もし友だちを叩いてしまっても、「この手は友だちを叩くためにあるのではなくて、良いことのためにあるんだよね」と諭します。すると、先生から「良い手」と言われた記憶が蘇り、先生を悲しませたことに気がとがめます。

　また、帰りの会が終わって、下校しようとしている子どもを呼び止め、「叩いたけど、昨日よりも1回少なくなったね。それは成長だよ。我慢したんだね。偉いよ。お兄ちゃんになったね」と、叩いたことではなく、叩いた回数が少なくなったことに注目します。叩いたことで目標を達成することができなかったと落ち込んでいた子どもの顔がパッと明るくなります。そして、「少しだけど成長しているんだ」と自分に自信を持てます。

　だからといって、翌日から叩かなくなるかというとそうではありません。先生は効果をすぐに期待してはいけません。じっくりと待つことが大事です。

　子どもの成長は徐々に進み、一気に開花します。

子どもの思い

叩きたくて叩いているんじゃないんだよ！

子どもの思いを受け止めた先生の対応

叩いた分だけ、「寂しいんだろうな」と受け止めるようにします。

3 挨拶を返さない子への対応

　礼儀正しさを求める先生は，
礼を失するとそれを正そうとします。

　子どもの気持ちを受け入れられる先生は，
挨拶をできない理由があるのだろうとおしはかります。

1　先生の挨拶をスルーする子ども

　朝，登校してきた子どもに会いました。先生の方から「おはよう」と挨拶したのですが，子どもは目を逸らし，何も言わずに通り過ぎて行きました。

　挨拶をする前に視線が合っていたので，気持ちよく挨拶を交わすことができると思っていただけに肩透かしを食らった気分です。

　こんな時，先生は二通りの対応をしがちです。

　一つは，叱ることです。子どもを呼び止め，「挨拶は？」と聞きます。「挨拶をされたら，返すのがマナー」と思っているので，聞き方は質問調ですが，言い方は問い詰めています。

　子どもは，先生が叱っていることを察し，「すみませんでした。気づきませんでした」と渋々謝ります。

　それでも，先生は「目が合ったよね」と迫ります。謝れば許してもらえると簡単に考えていた子どもは追い詰められた気分になります。

　もう一つは，挨拶のやり直しです。先生の挨拶が聞こえなかったのかもしれないので，もう１度，「おはよう」と先生が声をかけます。

　今度は挨拶を返すのですが，こうした場合，多くは，満面の笑みを浮かべて明るく挨拶をするのではなく，義務的な挨拶です。先生は言いたいことを

我慢して，その子どもの後ろ姿を見送ります。

2　挨拶をする気分になれない

　P.8でも，同じような事例を紹介しましたが，こうした場合，子どもは家を出る前に嫌な事があったりします。例えば，朝起きるのが遅くて，朝ご飯をしっかりと摂らずにあわてて家を出てきたのかもしれません。起きるのが遅ければ，親から叱れます。きっと，朝から親子喧嘩となり，気がむしゃくしゃしていたのかもしれません。

　また，身体の具合が悪くて，挨拶を返す元気が無かったのかもしれません。

　いずれにしろ，子どもなりに挨拶ができなかった正当な理由があるはずだと，先生は寛大な気持ちで接します。

　時間が経てば，子どもの気持ちが平常に戻ります。その時に，「朝は何かあったの？先生が挨拶をしても気づかなかったようだけど」と聞いてみます。「挨拶を返さなかった」ではなく，「気づかなかった」といった，子どもを追い詰めないような言葉を選びます。「返さない」では意図的に挨拶をしなかったということなるので，「（小さい声で）しました」と言い訳をしたくなります。

　それが，「気づかなかった」なら，責められた気分にならないので，安心して「ハイ。すみません」と先生の言葉を受け入れることができます。

　子どもは「先生は気を遣ってくれているなあ」と先生の配慮を感謝します。感謝するとなぜか素直になれます。そして，「実は……」と話し始めます。

子どもの思い

悩み事や困ったことを考えていたから，つい挨拶をしそびれちゃった。

子どもの思いを受け止めた先生の対応

子どもにもいろいろな事情があるのだろうと，とその場は受け止めます。

4 かまって欲しいと訴えてくる子への対応

 友だちとの関わりが少ないせいだと考える先生は，先生よりも友だちを大事にしなさいと積極性を求めます。

 愛情不足による自信の無さの表れだと考える先生は，先生の方から子どものもとに足を運びます。

1 かまって欲しいと訴えるほど孤立する

　「先生，先生」と四六時中，先生のそばに寄ってくる子どもがいます。隣の席の友だちに聞けば解決することでも，わざわざ先生の所に聞きに来ます。

　時には，授業中にも「先生」と手を挙げるので，授業が中断します。自分の思いを満たすことを優先させるので，友だちが迷惑していることは眼中にありません。それを見ていた友だちは，「またかよ」とうんざりした顔をしています。「何でも『先生』なんだから」と呆れています。快く思っていない子どもは，「そんなのは自分で考えろよ」，「隣の人に聞けばわかるだろう」と鬱陶しそうな顔をします。休み時間もそうです。友だちが誘い合って校庭に行く中，先生にかまってもらいたくて，一人だけ教室に残っています。

　「自分のことを気にして欲しい，相手にして欲しい」という「かまって欲しい」オーラを出すことで，友だちからは「面倒な子」というレッテルを貼られます。そして，友だちが去り，孤立していきます。孤立するとますますかまってもらえなくなるので，「かまって欲しい」思いが増していきます。

2 「もっとこっちを見て！」を満たしてあげる

　では，なぜかまって欲しいと訴えるのでしょう。一つは，不安だからです。

兄弟がいるから親を独占できない。親の仕事が忙しく，夕食を共に摂ることができず，孤食になりがち。残念なことですが，子どもが満足するような関わり方を親がしてくれない。つまり，親と触れ合う時間が少ないために人恋しくなるケースです。

　もう一つは，親の過剰な期待です。習い事の梯子で息つく暇が無い。進学のために塾が忙しく，常に合否のストレスと戦っている。将来の我が子のために良かれと思ったことが，実は子どもの不安を煽っているのです。

　そういう意味では，かまって欲しいという子どもの「ＳＯＳ」をしっかりと聞き取り，手を差し伸べなければ「遭難」してしまいます。

　先生は「かまって」と訴えてきたら，「先生は君のそばにいるよ。いつでも話を聞くよ」という気持ちで接します。子どもの訴えに応えたら「大丈夫？」と聞きます。子どもは，自分の心が満たされたら「ハイ」と答えて元気よく自分の席に戻ります。どうして元気が出るのかというと，先生はいつでも自分のそばに居てくれる，困った時は先生を頼ればいいと安心できるからです。

　赤ちゃんはハイハイをする時，後ろを振り返ります。その時，親の顔を見て，ニコッと笑います。後ろを振り向くのは，親の存在を確認している表れです。守ってくれているのかを確認しているのです。笑顔は，安心したというサインなのです。

　できれば，子どもがかまって欲しいと訴えて来る前に，先生の方から子どものそばに寄り，「君を見ているよ」というサインを送るといいでしょう。

子どもの思い

（不安だから）先生，聞いてくれる？

子どもの思いを受け止めた先生の対応

子どもを安心させるために，先生の方から先に声をかけます。

5 授業になると発言できなくなる子への対応

 子どもの発言を期待している先生は，
励ますと発言するようになると思っています。

 子どもの発言を長い目で待てる先生は，
「おしゃべり」空間をつくって発言の機会を設けます。

1 休み時間と授業中，どっちが本当の姿？

　休み時間は大きな声で遊んでいるのですが，授業になるとおとなしくなる子どもがいます。そのギャップに先生は戸惑います。先生は，どっちが本当の姿なのかなと思うのですが，「きっと，休み時間の方がこの子の本来の姿だ」とプラス思考で自分の気持ちを収めます。

　授業が始まりました。ノートに自分の考えを書いているので，「これなら発言できる」と判断して，指名します。ところが，発言しません。ノートに書いてあることを読むだけでいいのです。

　残念ながら，先生の思いは通じません。すると，先生は「休み時間あれだけ活発に話をしているじゃないか。それと同じだよ。言ってごらん」と発言を強く促します。

　子どもにとっては励ましというよりも叱られている気分になるので，ますます口を閉ざしてしまいます。期待をかけられることが負担になるのです。

2 おしゃべり空間をつくる

　休み時間の会話の特徴は何でしょう。それは，次の４つです。
　①休み時間は気心が知れた仲良との会話なので，安心。

②休み時間の会話には「間違い」が無いので,失敗が無い。
③休み時間の会話は聞いてくれるので,承認感がある。
④休み時間の会話は話題が逸れてもいいので,テーマに縛られない。

授業は全く逆です。自分に自信が無い子どもは私的な空間ではのびのびとできますが,公的な空間では萎縮します。不安になるのは当たり前です。

そこで,先生は休み時間と同じような空間を授業中でもつくってあげます。

授業開始の挨拶が終わったら,前日の学習の復習をします。通常は,全体に,「昨日は何を勉強しましたか?」と問いますが,二人一組になって,問題を出し合います。二人ならおしゃべり感覚で「発言」できます。次に,「本日のベスト・クエスチョン」を発表します。ここで,良い問題をつくった人を推薦し,指名された人がクラス全体に紹介します。

発言が苦手な子どもも,ペアを組んだ相手に問題を出していて,「発言」しています。そこに,「良問」というお墨付きを友だちからもらっているので,「発言しても大丈夫かもしれない……」と小さな自信がついてきます。

普段は発言しない子どもの「本日のベスト・クエスチョン」ですから,クラスの子どもは固唾を呑んで聞いています。言い終わると,勢いよく答えたい子どもたちの手が挙がります。

先生が,「いい『ベスト・クエスチョン』でしたね」と声をかけると,先生の思いを察した仲間から拍手が起ります。

こうして,小さな自信がほどほどの自信に変容していきます。

子どもの思い

わかっているけど,間違ったら恥ずかしいから,発言しない。

子どもの思いを受け止めた先生の対応

失敗しない状態をつくって安心させることで,発言する環境をつくります。

6 体育が得意でない子への対応

やればできると思っている先生は,
「努力すればできるようになる」と子どもを叱咤します。

できるようになるプロセスを把握している先生は,
成果が目に見えるように子どもを励まします。

1 成功経験の差が苦手意識をつくる

　なぜ体育が苦手なのでしょう。それはできないからです。でも,初めは誰でもできません。スタートは皆同じです。それなのに,なぜ,体育が得意な子どもとそうでない子どもに分かれるのでしょうか。

　それは「成功経験」の差です。体育が得意な子どもは「今はできなくても,練習すればできる」という経験をしているので,体育嫌いにならずにいられます。一方,体育が得意ではない子どもは,練習をするものの,成功を得られないままで終わるという失敗経験を重ねていきます。頓挫する経験が多くなると,失敗にめげずに新しいことに挑戦しようという前向きな気持ちになれません。それどころか「やってもできない」「また,惨めな気持ちになるだけ」と諦めてしまいます。やらなければ,自分は傷つかずに済みます。

2 成功がわかる努力をさせる

　要は,「私にもできる」という成功体験をさせることが大事なのです。体育が不得意な子どもですから,そんなに努力をしなくてもできるようになる経験がベストです。しかも,日々の成長が目に見える種目ならいうことはありません。できれば,なじみのない種目の方が良いでしょう。

実は，その条件に合う体育の種目があるのです。それは，竹馬です。なじみのない種目ということは，みんな同じスタートラインに着いているので，出遅れがありません。ただ，体育が得意ではない子どもは，「どうせやってもできない」と思い込んでいます。そんな子どもたちをやる気にさせるには，成果がすぐに出て，「自分でもできる」というサプライズを与えることです。そんな条件を満たしてくれるのが，竹馬なのです。

　竹馬は体育の授業でも扱う種目ですから，体育が苦手な子どもには先取りしてチャレンジさせます。最初は先生と一緒に取り組みます。最初は腰が引け，竹馬に乗ると，後ろに倒れてしまいます。そこで，先生が竹馬を持って，前に体重をかける練習をします。先生は「今日は5歩歩けたね。明日はもう1歩進めて，6歩が目標だね」と声をかけます。子どもは，「えっ！そんなにちょっとでいいんですか？」と低すぎる目標に半信半疑です。しかし，心の中では，「その程度でいいんだ」と安心しています。小さな目標なら安心してチャレンジできます。

　マンツーマンで練習していると，竹馬のコツをつかんできます。すると，子どもの方から「先生，もう大丈夫。一人でできるから」と自信がわいてきます。気づくと，全く乗れなかった竹馬がいつの間にか10mも歩けるようになっています。こうして，体育の時間に竹馬を始めた時には，「少しできる」状態になっています。今まで体育が得意な子どもに後塵を拝していたのですが，今は自分が先んじています。こうして「できる感」を味わうことで，自信もついていきます。

子どもの思い

どうせやってもできないのだから，やりたくない。

子どもの思いを受け止めた先生の対応

数字化することで，今日の成果を目に見えるようにします。

7 クラスで孤立していると感じられる子への対応

「一人で居るから孤立している」と現象面だけをとらえる先生は，友だちといる機会を増やせば仲間意識が芽生えるだろうと考えます。

「心の感度が低くなっているから孤立している」ととらえる先生は，子どもの行動が変化するような言葉がけをし，変化を見逃しません。

1 「孤立」と「孤独」の違い

　孤立と似ている言葉に「孤独」があります。両者の違いは何でしょう。それは，関係性です。

　孤独は，「たまたま」一人でいる状態です。例えば，読書です。友だちが外へ遊びに行く一方で，教室で読書をしている子どもがいます。これは，友だちと遊ぶことを拒否しているのではありません。読みたい本があり，そのために休み時間を使いたかったのです。当然，読書は一人で行います。自分から望んだ状況ですから，読書をしている時間は満たされています。

　それに対して，「孤立」は自分から関係性を断っている状態です。友だちと一緒に遊びたくないので，誘われる前に自分から去って行きます。「教室内ひきこもり」とも言えます。集団からの疎外感を覚えるので，心が満たされず，自分の価値を下げていくことになります。

2 会話の中にコミュニケーション・スキルを見つける

　友だちとの関係を断ち，孤立していても一人だけ関係性を保っている人がいます。それは先生です。そんな先生との会話の中で，良好なコミュニケーションの仕方を教えます。先生は，授業中・休み時間が始まった直後・掃除

など友だちがいる場面で話しかけます。子どもの話にうなずいた後に,「先生が『うん,うん』とうなずいたよね。どんな感じがした？」と聞きます。

　孤立している子どもは相手の気持ちを察する感度が低くなっているので,即答できません。先生はそれを承知のうえで,「そうだよね。答えるのは難しいよね。でも,うなずかれると『自分の話を聞いてくれた。自分を理解してくれる』って思えるでしょう」と代弁してあげます。

　すると,子どもは無意識にうなずきます。先生はそれを見逃さずに,「ほら,今うなずいたよ。先生の話を聞いてもらったということがわかるから,先生は嬉しいな」と相手に関心を持ちながら話を聞く術を教えます。

　さらに,会話を進めると,孤立していた子どもは自分が先生の話にうなずいていることを自覚できるようになります。

　そんなやりとりを他の友だちも見ています。今まで,愛想が無く,無表情だった孤立している子どものいつもと違うコミュニケーションの取り方に驚きます。「先生とだけ話す」と否定的に見る友だちもいますが,「笑いながら,話をするんだあ」と認識を改める友だちもいます。だんだんと,友だちの認識が変わっていきます。

　クラスには必ず気が利く子どもがいます。その子どもは先生の思いを察して,遊びに誘ったり,掃除の仕方を話したりします。先生はその場面を温かく見守り,あとで二人に声をかけます。

　「声をかけてくれてありがとう。おかげでみんなと一緒に居られるよ」
　「アドバイスに耳を貸してくれてありがとう。掃除がはかどるね」

子どもの思い

どうせ友だちは,私のことなんかどうでもいいと思っている。

子どもの思いを受け止めた先生の対応

変わる「機会」をつくって,その変容を見逃さないようにします。

8 休みがちな子への対応

「子どもは登校するものだ」と考えている先生は，登校を促す指導をします。

「がんばれなくなったから休みがちになる」と考える先生は，登校したことを評価します。

1 反抗から無気力へ

　人は不満なことがあると，それを解消しようとします。反抗もその一つです。それでも解消されない状態が続くと，反抗することを諦めます。何をやっても無駄だと無気力になります。

　「休みがち」と聞くと，怠惰なイメージがありますが，子どもの場合は辛さの表れでもあります。これまでの生活の中で満たされないものがあり，それを訴えてきたのですが，気づいてもらえません。

　訴えることに疲れ，反抗する気力が無くなり，「もういいや」と諦めの気持ちが強くなり，がんばることができなくなります。その結果，休みがちになってしまうのです。

　子どもが休みがちになると，先生は，電話をかけたり家庭訪問を行ったりして，心配していることを伝え，「学校で待っているよ」・「がんばろう」とつい励ましてしまいます。

　しかし，気力を失くしている子どもはそれに応えることはできません。

2 登校した時，普通にしている時がチャンス

　「休みがち」ということは，登校する日もあります。ということは，子ど

もと関わる機会があるということです。このチャンスを生かします。
　私は，朝運動をしている子どもたちのもとに出かけるため，午前8時になったら教室を出て，校庭に向かいます。休みがちな子どもの登校は遅いです。いつもは教室を出たところで，休みがちな子どもとすれ違うのですが，その日は階段でした。いつもよりも登校時間が早くなっています。
　そこで，「今日は階段で会ったね。昨日よりも早い登校だね」と声をかけます。子どもは先生の真意を理解できません。先生とすれ違う場所で登校時間が早い遅いがわかるなんて思っていないからです。子どもは自分の登校時間に無関心なのですが，先生の一言を聞いて，いつもよりも早くなっていることに気づきます。
　翌日は児童玄関で会いました。「今日は，児童玄関か。だんだん登校が早くなるね」。今度は，自分の登校が早くなっていることを先生は褒めているのだと気づき，にっこりと微笑む余裕がありました。
　登校時間は意欲の表れでもあります。子どもが学校に来ている時に，褒める要素を見つけ，それを繰り返し「いいね」と伝えます。
　登校時間だけでなく，その他のことでも「いいね」をたくさん見つけて伝えます。小さな「いいね」が大きな励みになるのです。
　自分を「いいね」と認めてくれる人がいたら，気持ちがよくなります。何か不安なことがあっても，その人を頼ればいいと安心できます。

子どもの思い

原因はわからないけど，なぜか不安……。

子どもの思いを受け止めた先生の対応

「君は素晴らしい」ということを伝え，励みになるものをつくってあげます。

9 不登校状態にある子への対応

　不登校を解消しようとする先生は，
原因を探しに躍起になり，その対策に力を注ぎます。

　不登校を受け入れる先生は，
日々の行動を分析し，明日の指導に役立てます。

1　登校を促すほど不登校児童の不安が増す

　クラスの子どもが不登校になると，先生は「何かしてあげたい」「学校に来てもらいたい」という気持ちになります。そこで，登校前に励ましたら学校に行く気になるのではないかと思い，家庭訪問をしたり電話をかけたりします。積極的に不登校児童と関わろうとするのです。

　しかし，不登校児童は「学校」から少し距離を置きたくて不登校になっているのですから，先生の積極的な働きかけはかえって負担になります。

　「不登校になるには原因があるはずだ」と考える先生は，その「理由」を聞きます。本人は登校を拒否しているわけではありません。本当は学校に行きたいのです。登校しないことは良くないことだとわかっています。それだけに，不登校の明確な理由を見つけることができません。

　それなのに，「理由は？」と聞かれるものですから，親や先生が納得するような理由を「つくり」ます。しかし，一つの悩みが解消されてしまったら，不登校を続けるために次の理由をつくらなければなりません。

　理由を聞くことは，子どもの悩みを増やすことになるのです。

2　記録することから見えてくるものがある

　不登校になると，教育相談センターや児童相談所などの関係機関との連絡を密にすることになります。その際，提出書類を求められます。手続きを終えると，相談員がこれまでの経過や関わり方を聞いてきます。

　この時，情報を共有化できるようにこれまでの不登校児童への指導を週案にメモしておきます。週案は各曜日，時間割どおりになっています。メモすることで，「この日は始業前に電話をしたんだな」「あの日は，母親と2時間目から給食の前まで教室に居たな」ということが時間の流れでわかります。

　また，週案は管理職に提出します。管理職も不登校児童の動向を知ることができます。保護者からは学校での子どもの様子や変化を聞かれます。その際に，週案を広げて，「〇月〇日は〇〇でしたね」と話すことができるので，この先生なら安心という信頼感を得られます。

　さらに，「赤」でメモすることで引き立ちます。そんな週案の「赤」から不登校児童の行動パターンがわかってくることがあります。例えば，月曜日は欠席だけど，水曜日は母親と登校できる。ということは，火曜日の放課後に「待っているよ」という電話をしても大丈夫だ。いつも給食の前に下校する。ということは，給食が苦手なのかもしれない，等々。

　このように週案にメモしておくことで，その時の記憶が蘇り，後日，詳しく記録したり，説明したりすることができます。不登校児童の行動を時系列で把握し，情報を管理職や保護者と共有できるようになります。

子どもの思い

どうして学校に行けない要素を取り払うの？しっかりと不登校をさせて！

子どもの思いを受け止めた先生の対応

原因探しではなく，不登校児童の行動のパターンを知り，それに合った対応をします。

10 一見，特に問題が無いように見える子への対応

> ❌ 子どもに落ち着きを求める先生は，一見，問題が無い子どものことを見過ごしがちです。

> ⭕ 問題が無いように見えることこそ，問題だと思っている先生は，子どもの視線の中にいるように努めます。

1 問題が無いから，見過ごされてしまう

　先生は，宿題を忘れる・友だちとのトラブルが絶えない・教師に暴言を吐くなどの問題行動にはすぐに対応します。テストが満点・マラソン大会で優勝など優秀な成績を残した時も，先生はすぐに賞賛します。

　それに対して，名札をつけている・ハンカチを携帯しているなど当たり前のことをちゃんとできている子どもを「偉いね」と褒めることはあまりありません。授業中に少し遅れて挙手したり，マラソンの順位が中位だったりした時も，「がんばったね」と声をかけずにいることがあります。

　特別に秀でているわけでないのですが，「そこそこできている」子どもは見過ごされる傾向にあります。彼らは一見，問題が無いので，先生は「大丈夫」と安心してしまいます。

　問題が無いというのは，「存在感が無い」とも言い換えられます。「可もなく不可もなく」です。だから，見過ごされてしまうのです。

2 「ありがとう」の言葉をかけ続ける

　「一見，問題が無い」という子どもは，総じて気が利きます。そういう子どもを見ると，先生は感心すると共に「この子どもは大丈夫」と安心してし

まいます。

　「気が利く」というのは相手が望むことを先回りして行うことです。自分のことは後回しにして，相手を優先しているのです。これは，他人への気遣いと，「嫌われたくない」という自己保身の表れでもあります。ただし，気負わず，媚びず，無理せずに「気が利く」ことをする子どももいます。

　表面上は同じなので，どちらの気持ちのウエイトが重いのか判断をしかねますが，見極める方法が一つあります。それは，代償です。前者の場合は，気が利く行動を評価してもらいたいので，先生が何か言葉をかけてくれるのを待っています。また，友だちに吹聴することもあります。

　後者の場合は，自然な振る舞いなので，気が利く行動をした後は先生のそばからサッと居なくなります。それは，先生に褒めてもらおうと思っていないからです。先生は立ち去る子どもを呼び止め，お礼を言うと，軽く頭を下げるだけです。もちろん，友だちに自慢することもありません。

　気が利く子どもを見た先生は，「無理をしているのではないか」「そういうふうに追い込んでいるではないか」という怖れを持つことが大事です。周囲の評価を気にしている子どもは，「辛いな」というストレスを抱えながら，良い子を演じています。これは，先生への不信感の表れであったりもします。「先生は良い子でいないと構ってくれない」

　こうした思いを見逃さないためにも，先生は，「偉いね」という評価の意味ではなく，「助かったよ」という感謝の意味を込めて「ありがとう」という言葉をかけ続けることが大事です。

子どもの思い

無理して良い子にしているわけではないけど，先生，少しは気にかけて！

子どもの思いを受け止めた先生の対応

一見問題が無いように見える子どもにこそ，さり気なく，かつ数多く話しかけます。

COLUMN

反抗期は自立へのステップ

　保護者から「最近，うちの子はことあるごとに口答えをするのです。もう反抗期ですかね」と心配そうに相談されました。それに対して，私は次のように返事をしました。
　「素敵な親子関係ですね。反抗するほど親子のふれあいの時間があるということですから」
　人は自分が安心できる空間でくつろぎ，正直な自分の気持ちを出すものです。自分が信頼する相手だから反抗できるのです。親は無理やわがままを言っても受け入れてくれると思っているのです。
　家庭で反抗する子どもほど，学校でがんばっています。その反動を家庭での反抗で癒しているのです。
　ですから，親は子どもが反抗するたびに「ああ，学校でがんばったんだね」と慈悲の心で見てあげてください。
　「鳴かぬなら　それもまたよし　ホトトギス」と松下幸之助氏は言います。反抗期もまさに「それもまたよし」です。「反抗期　それもまたよし　愛し子よ」と鷹揚に構えるとそんなに腹が立たなくなります。
　反抗と思うから腹が立つのです。腹が立つのは見ている側の都合です。そうではなく，成長と思えば微笑ましく思え，ゆとりを持って我が子と接することができます。反抗は大人への階段の一歩です。
　親を先生と言い換えてもいいでしょう。ただし，集団で先生に反抗する時は，先生への不信感が根底にあるので，注意が必要です。

第5章
子どもたちの「サポーター」としてできること

　卒業式が終わると，卒業生が低・中学年だった時の担任が「あんなに手がかかった子どもたちが，こんなに立派になるなんて……」といたく感動していました。
　子どもはぶつかりながら成長していきます。ぶつかれるということは，自分をさらけ出しても受け入れられるという「安心感」があるからです。
　子どもの問題行動は成長課題でもあります。しっかりと「ぶつかる」ことが，今の自分を認めてもらえ，次の成長の礎となります。
　先生は，「いいんだよ。大丈夫だよ」とそれを受け止め，「今のままでもいいのだ」と子どもに安心感を与えましょう。

1 「子ども」を早く「大人」にしてはいけない

「○年生らしく」を求める先生のクラスでは，失敗をしないことを第一に考えるようになります。

子どもらしさを求める先生のクラスでは，めげず，臆せず学校生活を過ごすことができます。

1 大人扱いされると子どもは背伸びしようとする

　進級した子どもたちは「今日から○年生」という新鮮な気分で登校してきます。今年はどんな楽しいことが待っているのかと期待に胸を膨らませます。

　一方の先生は「これまで教わったことは身についている」という前提で子どもを見ます。しかし，現実は「定着」ではなく，「体験」のレベルです。紙の工作に例えると糊付けした直後の状態と同じなのです。触るとずれたり，剥がれたりします。しっかりと付いていないのです。

　それでも，進級した子どもたちを目の前にした先生は，お兄ちゃん・お姉ちゃんになったのだから，これまでよりもスムーズに理解・対応できるだろうと期待します。

　けなげにも，子どもたちはそんな先生の思いに応えようとがんばるのですが，いつも先生の期待に応えられるわけではありません。この積み重ねが先生との意識の差となります。そして，先生との心の距離が離れて行きます。

2 あえて子ども扱いする

　子どもたちは自覚的に習慣を獲得していません。教わったことを感性で身につけています。ですので，それまでの「体験」を定着させ，習慣にするた

めにあえて子ども扱いします。そこで，自覚的に行うことで成長しているという実感を得られるようにさせます。

例えば，ひらがな指導です。机間指導をしていると，1年生の時の方が丁寧な文字だっただろうなあというノートに遭遇します。そこで，3年生で「ひらがな教室」を開きます。

「ひらがなの練習をしようか」と言うと，「もう1年生じゃない」と嫌がるので，「ひらがなを上手に書くコツがあるんだけど，知りたい？」と聞いてみます。すると，大方の子どもは「何だろう。どんなコツなんだろう」と興味津々です。

まずは何も指導しないでひらがなをノートに書きます。次に，先生が上手に書くコツを伝授したひらがなを教えます。例えば，「し」です。まず，「『お玉』のような字形です」とイメージ化を図ります。次に，鉛筆の動かし方です。始筆で止まり，お玉の柄の部分はまっすぐに線を引きます。お玉の受けの部分に近づいたら，減速します。「みんなも交差点ではスピードを緩め，停止するでしょう。文字も同じです。曲がる手前で鉛筆のスピードを緩め，カーブはゆっくりと回ります。両者を比べると，違いが一目瞭然となります。先生が教えた方が上手に書けています。

すると今度は，翌日の国語の時間，子どもの方から「先生，今日の『ひらがな教室』では何をやるの？」とリクエストがあります。

子どもの「できる」は無自覚・無意識です。「子ども扱い」することで，しっかりと定着させることができます。

子どもの思い

「大人扱い」されるけど，実はあんまりわかっていないんだよなあ。

子どもの思いを受け止めた先生の対応

できないことをしっかりと自覚させ，しっかり基本を覚えた方が成長するという気づきの機会を用意します。

2 子どもの「つぶやき」にこそ本音がある

形式にこだわる先生のクラスの子どもは，間違うことを恐れて発表をためらいます。

つぶやきを拾ってくれる先生のクラスの子どもは，どんなことを発言しても認めてもらえるという安心感があります。

1 間違いを恐れる子どもは挙手したがらない

「磁石と鉄の間にものが挟まっても，引き付け合うだろうか」という理科の学習問題を提示した授業での一コマ。すると，「電気の時はつかなかったよなあ」と子どもがつぶやきます。

前の学習と比較して考えていたことの表れです。経験を生かした素晴らしい意見です。しかし，こうしたつぶやきを取り上げず，「まずは自分の考えをノートに書く。それと，発言は手を挙げてから行いましょう」と注意する先生がいます。こうした先生は，つぶやきを無断発言と思っています。その内容の良し悪しよりも，態度の方を問題にし，先生や友だちの許可を得ていない勝手な行動だと思います。

手を挙げてから発表する。これは発表の仕方として日本全国の教室で行われている方法で，「発表のルール」と言っても過言ではありません。

この先生からすると，そのルールを守らせるために注意したのです。そして，友だちからはルール違反として責められることになります。

2 本音だから思わずつぶやいてしまう

「つぶやき」を大事にしている先生は，即座に「そうだね，電気の時はつ

かなかったよね」と子どものつぶやきを全体に返します。これがきっかけになって，電気の時の実験を思い出したり，他の体験を想起したりするようになります。その結果，根拠を持った発言となり，予想について白熱した話し合いがなされます。話し合いが盛り上がるほど，実験への意欲が高まり，学習のねらいにそった展開となります。

　子どものつぶやきには本音が含まれます。思わずしてしまう行為は「考え→判断→決断」という手順を踏みません。いきなり，決断を下します。だから，つぶやきは本音の表出なのです。そうしたことを先生が自覚することができれば，子どものつぶやきを潰さずに，拾うことができるでしょう。

　つぶやきを耳にした友だちは，それをとがめることはしません。同じ意見の場合は，「そうだよね！」と味方ができた心強さを持って，反対意見の場合は，「そういう考えもあるのか？」と自分の意見と比較するようになります。

　先生が日ごろからつぶやきを認めていると，子どもたちは自分の意見を口にすることを臆しません。自分の心に蓋をすることなく，素直な自分でいられます。

　先生のそんな対応はクラス全体に波及します。友だちのつぶやきを容認するようになります。

　「ダメだよ，手を挙げてから発言するんだよ」「勝手に発言したらいけないんだよ」といった友だちを否定する言葉が行き交わないので，クラスが穏やかな雰囲気になれます。そして，安心してつぶやけるようになっていきます。

子どもの思い

挙手しない発言はルール違反だから，先生に叱られる。

子どもの思いを受け止めた先生の対応

つぶやきを，みんなの賛同を得ての堂々の発表に進化させます。

3 子どもは大人の真似をして育つ

荒れているクラスの子どもほど，先生の悪い真似から身につけていきます。

落ち着きのあるクラスの子どもは，いつの間にか先生の良い真似を身につけていきます。

1 先生の悪いところほど，子どもはよく真似る

「何回言ったらわかるの。いつもそうなんだから」，「何してんのよ！」と友だちにきつく当たる子どもがいます。先生は，「もっと優しく言ってみてはどうかな」とアドバイスするのですが，何かひっかかるものがあります。その台詞をどこかで聞いた覚えがあるのです。

授業が始まり，コンパスを忘れた子どもに，「何回……」と口にした時，先生はハッとしました。「そうか」と得心します。子どもの言い方が教師にそっくりだったのです。

子どもが教師の真似をする時は，褒める言葉よりも叱る言葉の方が多いようです。真似には，みんながやっている・言っているからという安心感と周りに流される安易さがあります。

先生自らが使っている言葉であれば，錦の御旗を得た気分です。堂々と使えるのです。

2 真似しやすいように前振りをつける

人は，隣の人のあくびがうつったり，もらい泣きをしてしまったりするなど，他人の行為を見ているだけでそれが自分の行為であるかのような反応を

することがあります。「行動」を真似ているように見えますが、実はその裏に有る「意図」、「感情」を真似ているのです。

拍手をすることで、「嬉しい」という感情を共有します。楽しいから笑うのではなく、笑うから楽しい、と言われるのは、人は感情よりも行動に反応するからです。

子どもが先生の真似をするのであれば、「良いこと」を真似るように持っていきます。

子どもの素晴らしさを目にしたら、「いいね」と褒める前に親指を立てます。子どもは先生のその動作を見ると、自分も幸せな気分になり、思わず親指を立てます。そして、先生と一緒に「いいね」と唱和します。

床のゴミを拾う時は、「気づいた人がやる」とつぶやきます。すると、それを耳にした子どもも一緒に拾おうとします。

こういうことを繰り返していると、先生が、「あっ、ゴミ」と指さすだけで、子どもは「気づいた人がやる」と口にしてからゴミを拾います。

帰りの会では友だちの良さを伝え合うメニューがあります。褒められた友だちは嬉しくなってニッコリと微笑みます。それを見た子どもも思わず微笑み返してしまいます。これも真似です。

明るい先生と一緒にいる子どもは、幸せになります。汗をたくさんかいて遊んでいる先生と一緒にいる子どもは、元気になれます。

いいことはどんどん真似をさせましょう。

子どもの思い

先生がやっているんだから、自分たちも平気だよ。

子どもの思いを受け止めた先生の対応

真似て欲しいことを意図的に伝え、それができていたら、「いいね！」と大いに褒めます。

4 自分の指導スタイルを自覚する

 自分の指導スタイルを確立していない先生のクラスは，子どもがバラバラの方を見ています。

 自分の指導スタイルを確立している先生のクラスは，子どもの認識が一致しているので歩調を合わせることができます。

1 自分の性格を把握する

　自分の型をつくるためには，自分の性格を把握することです。
　私は，子どもを叱らなければならない場面に出会うと，「嫌われないかな」とその状況を回避したくなります。叱った後は，「素直に受け入れてくれたかな」「反発するような言い方をしていなかったかな」という気持ちが尾を引きます。
　また，周りに居た子どもたちにはどんな風に映っていたのかも気になります。よく言えば慎重。人の目を気にして，気が小さな性格ともいえます。

2 性格に合った指導のスタイルにこだわる

　指導スタイルには2種類あります。一つは，率先垂範。先生が先頭に立って子どもたちをグイグイと引っ張るスタイルです。もう一つは，子どもが後ろを振り向いた時にはいつもそばに居て，見守っているスタイルです。
　私はあまり表にでるタイプではないので，「見守る型」を選択しています。見守る型を自分の型だと決めると，いつもそれを貫き通そうとします。
　最初は意識的にそうするようにしますが，やがて，それが身に付き，どんな状況でも「見守る」というフィルターを通して判断できるようになります。

一貫性のあるブレない指導，つまり「指導の幹」となります。

　例えば，子どもが口答えをしても感情的にならずに，「自分の型は『見守る』なんだ」と一呼吸置きます。すると，その状況を客観的に見るもう一人の「自分」の存在を認識できます。もう一人の「自分」が，「スマイル，スマイル」と囁き，現実に戻してくれます。

　発表の際，声が小さい子どもがいます。率先垂範型の先生なら「声が小さい。みんなに聞こえるようにがんばって！」と励ますのでしょうが，見守る型を目指す先生は，発表している子どものそばに歩み寄ります。子どもの発表を隣で聞こうとするのです。そして，小さな声なのでみんなに聞こえないだろうと判断したら，「もう一度言える？」と声をかけます。もし，言えそうなら，そばにしゃがんで応援します。言えないのなら，先生が代わりに言ってあげます。

　怪我で起立できない子どもが挙手した時は，「意見がある時は今までどおりに挙手してもいいよ。でも，立たなくてもいいよ。先生があなたのそばに行くから」と安心させます。

　「見守る型」の先生は子どもに合わせた指導を心がけます。そのため，子どもへの過剰な期待をしないので，子どもががんばらなくて済みます。

　また，子どもに無理強いをしないので，子どもは安心して自分が困っていることを伝えることができます。それにより，良い関係でその場を過ごすことができます。

子どもの思い

僕たちの気持ちを大事にして，無理をさせない先生であって欲しいなあ。

子どもの思いを受け止めた先生の対応

指導の型を決めることで，ブレない指導ができます。

何かが起こった「後」が大事

> ✕ 失敗したことの原因だけを追及する先生のクラスの子どもは，同じ失敗を繰り返します。

> ○ 心情をくみ取ってくれる先生のクラスの子どもは，失敗しそうになると先生の顔を思い浮かべ，大事にいたらずに済みます。

1 「気をつけなさい」では繰り返す

　給食の時間，配膳台の手前に封を切った牛乳，奥におかずが置かれていました。給食当番がおかずを手にした時，手前にある牛乳に触れてしまい，倒してしまいました。しかも，牛乳の口が開いていたので，牛乳が床に飛び散ります。周りに居た子どもたちは，」「あっ！床に牛乳がこぼれている」と声を上げます。

　こぼした給食当番は，その場に立ちすくんでいます。おそらく，おかずを配った方がいいのか，それとも牛乳の処理をした方がいいのか迷っているのでしょう。

　先生は，「おかずを配っておいで。その間に，牛乳は先生が処理しておくから」と声をかけます。

　そのあと，先生は，「今度は倒さないように気をつけるんだよ」と注意をし，子どもは素直に「ハイ」と返事をしました。

2 失敗の要因を取り除く

　しかし，先生の「気をつけるんだよ」という言葉だけでは，再び同じ失敗を繰り返します。大事なことは，同じ失敗を繰り返さないことです。それに

は，失敗の原因を考える必要があります。

　奥の物を取ろうとすると，手間にある物に触れてしまうのは，自明です。手前に物が無ければ，触れることはありません。

　この場合なら，まず，牛乳をどこか別の場所に移動します。すると手前が空きます。次に，奥にあるおかずを空いた手前に引き寄せ，手に取ります。これなら，牛乳を倒すことなく，おかずを運ぶことができます。

　先生は，おかずをこぼした子どもを呼んで，どうしたら牛乳を倒さなくて済むのかを説明します。

　こうして，何かが起こった「後」で適切な指導をすると，子どもが「見えてくる」ようになります。奥にあるおかずを取るのに，口が開いた牛乳があれば，それに触れて床に牛乳がこぼれる場面を想像できるようになります。

　自分の失敗はしっかりと身についているので，それと同じ状況を見たら，無意識のうちに対応策を講じます。

　また，友だちには，「○○した方がいいよ」とアドバイスをし，失敗を未然に防ぐことができるので，友だちからは感謝されます。

　失敗を「想像」できれば，それを回避するにはどうしたら良いのかが見えてきます。

子どもの思い

失敗したから，この次はしっかりやろう。でも，どうすればいいのかな？

子どもの思いを受け止めた先生の対応

失敗を「想像」させて，それを回避する策を考えさせます。

6 前向きに，いろいろなことを試していく

 いつも同じ方法で接する先生のクラスの子どもは，飽きてくるので意欲が停滞，場合によっては下降します。

 色々な方法を試してくれる先生のクラスの子どもは，新鮮な気分で取り組めるので，次は何だろうと興味津々でいられます。

1 ただ課題を増やしても，やる気は喚起されない

　国語の時間で，子どもたちに漢字の練習を課します。一文字につき5回書くことにします。

　しかし，テストの成績が芳しくありません。そこで，練習量が足りないと判断し，5回を7回にしました。

　当然，子どもたちからはブーイングです。自分たちが覚えられないのだからもっと努力しようという前向きな気持ちよりも，「漢字練習が増えた」というマイナス面に目が向きます。

　子どもたちも漢字を覚えたい，テストで良い点数を取りたいという気持ちは十分にあります。意欲はあるのです。ただ，できないから練習量を増やすという先生の考えに，今の自分たちを否定されたような気がします。練習をするのならば，楽しさを加味した方法を提示して欲しかったと思っています。

2 子どもが気づかないうちに練習量が増える方法

　何回も書くということは苦痛を伴います。それに耐えられるのは漢字テストの成績の良い子どもです。もう少しがんばれば満点が取れるという気持ちがあるからです。

ところが，芳しくない成績の子ども・練習に慣れていない子どもは「どうせ練習をしても満点にならない」とやる前から諦め気味です。

　そこで，子どもが負担と感じないような方法を試してみます。具体的には，テストの問題数を減らします。２日に１度の「10問テスト」を半分の５問にします。ただし，毎日行います。

　両方とも２日で10問と問題数は同じですが，一日に取り組む問題数が異なります。前者は10問ですが，後者は半分の５問です。労力が半分になります。これだけでも，子どもは「楽」と感じます。このように，同じ課題でも提示の仕方によって子どもの意欲が異なります。

　また，練習方法も変えてみます。まずは頭上にかざした指で漢字を書く「空中書き」，次に指で机に書く「指書き」をします。これで，漢字をほぼ覚えて，仕上げに鉛筆で漢字を書く「鉛筆書き」をします。漢字の練習回数はこちらの方が多いのですが，鉛筆で書く回数が少なくなったので，子どもたちは「楽」と感じます。

　たまには，先生が出題して子どもが９つのマスに任意の漢字を書く，「漢字ビンゴ」を行い，ビンゴの数を競います。先生からすると「勉強」ですが，子どもは「遊び」気分です。

　子どもが「これならできる・やれる」と負担を感じない方法を先生が提供することで，子どもの「実力」がアップします。その結果，子どもたちは先生のやり方を支持し，「先生についていけば，まちがいない」と安心できます。

子どもの思い

練習量を増やせばいいってもんじゃないんだけど……。

子どもの思いを受け止めた先生の対応

手を替え，品を替えして子どもが負担に感じないような方法を取り入れます。

おわりに

最後までご笑覧くださりありがとうございます。
ものごとを身につけるには，3つの段階があります。

①知っている。
②やってみる。
③やり続ける。

本書を手にしたことで，「知っている」という第一段階になりました。
さらにやってみて，どうだったでしょうか。おそらく，何らかの変容が子どもにあったはずです。あとは，それをやり続けることです。
実は，この「やり続ける」というのが，困難なことなのです。それは，今までの自分の指導方法ではなく，新しい方法を取り入れるからです。今まで「正しい」と信じていた方法を封印するということは，自分を否定することにつながるからです。
それでも，やり続けてみてください。まずは一か月やり続けてみてください。すると，始めのころは，「本に書いてあった○○というやり方をやってみよう」だったのが，やり続けることで無意識のうちにできるようになります。身についてきます。
「こうしなければならない」という義務から「こうあらねばならない」という矜持に変わってきます。
一つが上手くいくと，他の方法も「やってみよう」という気になります。人間，「その気になる」のが大切です。

安心感が満ちたクラスで過ごす子どもたちは，日々穏やかな気持ちで生活できます。その結果，友だちとのトラブルが減ります。
　安心できるのは子どもだけではありせん。保護者も先生に対して安心感を持てます。
　ある日，子どもが怪我をしたので，そのことを子どもが帰宅する前に電話で保護者に伝えました。その対応に対して翌日，次のようなお手紙をいいただきました。

> おはようございます。けがは大丈夫です。
> 帰宅してから習い事に行くほど，回復しました。
> いつも連絡をしてくださりありがとうございます。
> よくみてくださっているのだなあと安心できます。

　先生の心が安心・安定すると，子どもは先生に自分のことを任せられるようになります。保護者も我が子のことを安心して任せられます。
　何よりも，安心感のある実践を心がけた恩恵を一番受けているのは，先生自身なのです。
　本書を読み終わった後，「明日からの実践が少しは楽になりそう」「ちょっと試してみようかな」「少し先が見えてきた」と前向きな気持ちになって下されば，「先生方に安心感を持っていただけた」と本書を上梓したかいがあります。

2015年5月　　城ヶ﨑 滋雄

【著者紹介】

城ヶ﨑　滋雄（じょうがさき　しげお）

1957年，鹿児島県生まれ。
大学を卒業後，千葉県公立小学校教諭となる。
20歳代では，教育委員会に出向し，社会教育に携わる。
30歳代では，不登校対策教員として不登校についての研鑽を積む。
40歳代では，荒れたクラスの立て直しに努める。
50歳代では，子育て経験をいかして家庭教育にも活動を広げ，学級担任として現在も教壇に立つ。

連載が10年目をむかえた教育情報誌『ＯＦ（オフ）』（新学社）や子育て情報誌『Popy f（ポピーエフ）』（新学社）を通して，若い先生や保護者にアドバイス・情報発信をおこなっている。

著書に『「陸上競技」もの識り大百科』（明治図書），『子どもと「ぶつからない」「戦わない」指導法！』『クラスがみるみる落ち着く教師のすごい指導法』（学陽書房），共著は『THE 学級マネジメント（「THE 教師力」シリーズ）』など多数。

学級経営サポートBOOKS
「安心感」が荒れ・不登校を防ぐ！
クラス全員の思いをガッチリ「受け止める」対応術

2015年8月初版第1刷刊　Ⓒ著　者　城ヶ﨑　　滋　雄
発行者　藤　原　久　雄
発行所　明治図書出版株式会社
http://www.meijitosho.co.jp
（企画・校正）松川直樹
〒114-0023　東京都北区滝野川7-46-1
振替00160-5-151318　電話03(5907)6704
ご注文窓口　電話03(5907)6668

＊検印省略　　組版所　長野印刷商工株式会社

本書の無断コピーは，著作権・出版権にふれます。ご注意ください。

Printed in Japan　　　　　　ISBN978-4-18-181020-7
もれなくクーポンがもらえる！読者アンケートはこちらから　→